1592

격전의 길을
걷다

일러두기
본문에 나온 날짜는 음력입니다.

7년의 전쟁,
다시 돌아보는 임진왜란사

1592
격전의 길을 걷다

안광획 지음

초록비책공방

들어가며

흔히 역사는 '과거와 현재의 끊임없는 대화'라고 합니다. 이는 과거의 사건이나 역사가 현재에 적잖은 영향을 미치고, 또 과거를 통해 현재를 진단하고 더 나은 미래를 위해 어떤 길로 나아가야 할지 지침이 되기 때문입니다. 그 본연의 역할이 없다면 역사는 그저 전문 연구자들의 전유물이 되거나 몇몇 관심 있는 동호인들의 흔한 이야기 소재에 불과하겠지요.

대학원 석사 과정을 밟는 동안 이와 같은 고민은 끊임없이 계속되었고 고민 끝에 '역사 연구는 학술 논문에 그치지 않고 대중의 관심과 사회 발전 방향에 부응해야 한다'고 생각하게 되었습니다. 그러던 중 임진왜란을 다룬 영화 〈한산〉을 재미있게 보았습니다. 이어서 임진왜란 관련 다큐멘터리와 강좌 영상, 관련 서적도 찾아보면서 기존에 알고 있던 임진왜란 관련 지식 외에 다양한 이야기와 사실을 접할 수 있었습니다.

아쉬운 점이라면 대중매체나 서적, 강좌 등은 다양한 역사 지식과 흥미로운 내용을 담고 있지만 정작 읽거나 본 후 '우리 민족은 어떻게 싸워 이겼는가?'에 대한 내용과 교훈이 별로 와닿지 않는다는 것입니다. 또한 임진왜란과 관련해서도 명확한 관점 없이 제각각 다양한 주장을 펼치거나 더러는 역사적 사실과 어긋나는 주장이나 서사가 나오는 것을 보면서 '아, 저건 아닌데…'라는 생각도 들었습니다. 결정적으로 임진왜란사를 새롭게 정리해야 할 필요성을 느낀 계기는 지난여름 명량대첩이 벌어진 진도 울돌목 바다를 돌아보는 과정에서 현장 해설사의 설명과 답사에 참여한 학생 간의 의견이 크게 엇갈리는 것을 본 후부터입니다. 역사 연구자로서 임진왜란사를 새롭게 정리해 잘 알려야 되겠다고 결심하게 되었지요.

　우리 역사에서 임진왜란은 큰 화두입니다. 조선 중기에 우리 민족과 일본 간에 벌어진 거대한 전쟁이고 그 영향이 지금까지도 미치고 있으니까요. 이런 이유로 '임진왜란에서 우리 민족이 어떻게 왜군에 맞서서 승리했는가'를 잘 정리하는 것은 매우 중요하다고 봅니다.

왕을 비롯한 지배층이 도망간 상황에서 어떻게 우리 조상들은 변변치 못한 무장과 부족한 인원으로 강력한 왜군에 맞서 나라와 민족의 자주권을 지켜낼 수 있었을까요? 이를 가능케 한 저력은 무엇일까요? 이것을 밝혀 사람들에게 쉽게 이야기해 주는 것이 '역사 연구의 대중화'를 실천하는 방법이라고 생각합니다.

단순히 재미있는 역사 이야기를 넘어서 임진왜란이 주는 참된 의미와 교훈에 대해 함께 공유하다 보면 그 속에서 민족에 대한 자부심과 참된 애국심도 높아질 수 있다고 봅니다. 또한 한반도와 동북아시아에서의 전쟁 위기가 높아지고 일본의 군국주의화가 갈수록 심해지는 상황에서 지난날 조상들이 조국을 지키고자 싸워온 역사는 우리가 전쟁과 평화의 의미에 대해 돌아보고 오늘을 어떻게 살아가야 할지 좋은 교훈이 될 것입니다.

이 책에서는 우리 민족이 어떻게 왜군을 물리치고 승리했는지를 중심에 두고 임진왜란사를 소개합니다. 기존의 단순한 사건 소개나 시간 순서에 따른 설명보다는 실제 전투가 벌어졌던 주요 전적지를 돌아보며 조상들이 어떻게 싸웠는지 그리고 그 의미가 무엇인지 함께 공유하겠습니다.

이 책을 통해 임진왜란에 대해 많은 것을 느끼고 우리 민족에 대한 자부심과 사랑이 두터워지는 계기가 되기를 바랍니다. 또한 독자 여러분이 전국 각지에 소재한 전적지를 직접 찾아가 생생한 현장을 경험하는 데 이 책이 도움이 되기를 바랍니다. 마지막으로 이 책이 현재 다사다난한 국내외 정세 속에서 우리가 살아가고 싸워나갈 수 있는 하나의 등불이 되기를 희망합니다.

차 례

3부 | 의병의 궐기, 깨어나는 한반도

4부 | 반격의 서막

5부 | 다시 시작된 전쟁 마침내 이룬 승리

임진왜란,
우리는 어떻게 승리했는가

　　임진왜란 전적지를 함께 돌아보기 전에 먼저 전쟁 과정에 대해 알 필요가 있습니다. 전체적인 전쟁 과정을 알아야 그 역사적 의미와 교훈에 공감하고, 현장을 돌아보더라도 우리 조상들의 입장에 그대로 투영할 수 있으니까요.

　　임진왜란은 1592년부터 1598년(조선 선조 25년~31년)까지 7년에 걸쳐 우리 민족과 일본 간에 벌어진 대규모 전쟁입니다. 특히 우리 민족에게는 민족의 운명이 걸린 중요한 전쟁이었지요. 임진왜란은 전쟁 초반인 2년 동안의 임진왜란(1592~1593)과 중간의 소강기(1953~1957) 그리고 후반부인 정유재란(1597~1598)으로 구분합니다.

　　이를 좀 더 세분화하면 다섯 단계로 나누어볼 수 있습니다. 제1단계는 왜군이 부산 앞바다에 쳐들어온 1592년 4월부터 우리 민족이 반격 준비를 완료한 12월까지입니다. 제2단계는 우리 민족이 대대적인 반격에 나서서 국토 대부분을 회복하고 왜군을 남해안으로 몰아낸 시기로 1593년 1월부터 6월까지입니다. 제3단계는 조명연합군과 왜군 간에 강화 담판이 벌어지면서 전쟁이 소강 상태에 있던 시기로 1593년 7월부터 1597년 1월까지입니다. 제4단계는 강화 담판이 결렬되고 왜군이 다시 쳐들어온 정유재란의 전반부 시기로 1597년부터 명량대첩이 벌어진 9월까지입니다. 마지막 제5단계는 우리 민족이 왜군을 한반도에서 완전히 몰아내고 최후 승리를 이루어낸 시기로 1597년 10월부터 1598년 11월까지입니다.

이 책에서는 임진왜란의 전 과정을 다섯 단계에 걸쳐 살펴보면서 전쟁 전야의 상황도 짤막하게 다루고자 합니다.

✠ 전쟁 전야

16세기에 이르러 조선 왕조는 점차 쇠퇴하고 있었습니다. 오랜 평화 속에서 양반 사대부로 대표되는 지배층은 태평성대를 부르짖으며 재산을 불리고 권력을 얻는 데만 정신이 팔려있었습니다. 양반 사대부 내에서는 권력을 두고 내분이 벌어졌습니다. 그들은 동인, 서인 등의 붕당을 형성하고 당쟁을 벌였습니다.

반면 백성들은 양반 지배층의 수탈과 착취 탓에 점차 살기 어려워졌습니다. 과도한 세금 및 소작료, 공물 등에 견디다 못해 살던 곳을 떠나 이리저리 떠돌기도 하고, 일부는 산으로 들어가 농민무장대를 조직해 탐관오리나 지주들을 공격하기도 했습니다. 아예 대규모 농민전쟁을 벌여 조선 왕조에 대항하기도 했지요. 홍길동, 임꺽정 등이 대표적인 인물이며, 함길도(함경도) 농민전쟁이 대표적인 농민전쟁입니다.

　오랜 태평성대 동안 국방력 강화에 소홀하면서 군사력 또한 약해져 가고 있었습니다. 당시 조선은 명나라에 사대하고 주변국(일본, 여진, 류큐(오키나와) 등)과는 교린 외교를 펼쳐 한반도 주변이 평안했고 종종 변방이나 해안가에서 여진족이나 왜구들이 쳐들어오더라도 적당히 토벌하면 그만이었기에 국방력 강화에 크게 신경 쓰지 않았던 것입니다. 게다가 양반들의 오랜 수탈과 착취로 살기 어려워지자 백성 사이에서는 군역을 기피하는 자들이 많아졌습니다. 그로 인해 군인 수는 부족해졌고 훈련이 제대로 이루어질 리 없었지요. 뿐만 아니라 양반 지배층의 부정부패로 무기 제조 및 수리 또한 제대로 이루어지기 어려웠습니다.

　한편 일본에서는 도요토미 히데요시가 100여 년 동안의 전국시대를 끝내고 일본 전역을 장악했습니다. 하지만 일본 전역을 통일하는 과정에서 봉건 영주(다이묘, 호족 등) 및 무사 계급(사무라이) 내에서의 모순과 영주와 백성 간의 모순이 극대화되면서 내부 불만이 고조되고 있었지요. 내부에서 터져 나오는 불만을 어디론가 돌려야 할 필요성이 대두된 것입니다. 도요토미 히데요시는 이를 대외 침략으로 해결하려 했습니다.

도요토미 히데요시는 전국 영주들을 압박해 전쟁 준비에 들어갔습니다. 그리고 포르투갈 상인에게서 신무기 조총을 사들여 전군을 무장시키는 한편 조선 침략을 위한 전선을 건조해나갔습니다. 또한 대마도주를 통해 조선에 사신을 보내어 '명나라를 치고자 하니 조선은 길을 비켜달라'는 내용의 국서를 전하고는 조선의 정황을 정탐케 했습니다.

이 서신을 보고 심상치 않음을 느낀 조정은 1590년 4월 일본에 통신사를 보냈습니다. 서인 세력인 정사 황윤길, 동인 세력인 부사 김성일 등으로 구성된 조선통신사는 약 1년간 일본에 체류하며 도요토미 히데요시를 접견하는 한편 일본 내부 사정을 돌아보았습니다. 그런데 통신사가 귀국한 뒤 조정에 올리는 보고에서 황윤길과 김성일의 말이 서로 엇갈렸습니다. 황윤길은 도요토미 히데요시를 경계하며 전쟁에 대비해야 한다고 주장한 반면 김성일은 도요토미 히데요시를 낮잡아 보고 전쟁 운운하는 주장으로 민심을 불안케 해서는 안 된다고 주장한 것입니다.

조정 내에서 전쟁 여부를 두고 갑론을박이 오가며 혼란에 빠져 있는 동안 일본은 1592년 1월 전쟁 준비를 마치고 본격적인 침략 직전 단계에 돌입했습니다. 도요토미 히데요시는 조선과 가까운 규슈에 나고야성을 쌓고 침략 전초 기지로 삼은 후 28만 1,840명의 대병력을 집결시켰고 이 중 20만 명(육군 15만 8,700명, 수군 4만여 명)을 침략군으로 선정해 9개 부대로 나누었습니다. 그리고 4월 13일을 기점으로 왜군은 순차적으로 조선을 침공하기 시작했습니다.

✖ 왜군의 침략과 우리 민족의 방어전

1592년 4월 13일, 부산을 침공한 고니시 유키나가 휘하 1번 대 왜군은 부산진, 다대포, 동래성을 순차적으로 공격했습니다. 부산진을 지키던 정발 장군과 다대포를 지키던 윤흥신 장군, 동래 성을 지키던 송상현 장군과 부산 지방 군민들은 압도적인 적들에 맞서 용감히 싸웠습니다. 비록 중과부적으로 부산 지방은 점령당 하고 군민과 지휘관들은 장렬히 전사했지만 전쟁 초반에 이들이 보여준 투쟁 정신은 왜군에게 조선 침략이 쉽지 않을 것임을 제 대로 각인시켰지요. 뒤이어 가토 기요마사, 구로다 나가마사 등이 이끄는 왜군들이 차례로 부산진을 통해 조선으로 쳐들어왔습니 다. 부산 일대를 점령한 왜군은 세 개의 경로로 나누어 한양을 향 해 침략해 들어갔습니다.

전쟁 초반에 왜군의 대규모 침공에 직면한 우리 군대는 준비 도 부족했고 병력도 압도적으로 차이나는 등 전반적으로 불리한 상황이었습니다. 갑자기 모집 명령을 받은 군사들은 지휘관 없이 집결했다가 한양에서 파견되는 지휘관이 도착하기도 전에 왜군 의 공습을 받아 싸워보지도 못하고 흩어지는 경우가 대부분이었 습니다. 무능한 지휘관들과 지방관들은 압도적인 왜군 병력에 겁 을 먹고 도망치는 경우도 허다했습니다.

조정에서는 왜군의 북상을 저지하고자 북방에서 여진족 토 벌로 명성이 높던 이일, 신립 등을 파견해 상주와 충청도를 지키게 했습니다. 하지만 부족한 준비 태세 속에서 이들은 큰 활약을 펼치지 못했습니다. 이일은 상주에서 싸워보기도 전에 군대가 흩어진 상황을 수습해 훈련을 진행하던 도중 왜군의 공습을 받아 도망쳤습니다. 신립은 충주 탄금대에 배수진을 치고 기병전으로 맞섰으나 패했고 끝까지 싸우다가 남한강에 투신했습니다.

상주, 문경새재, 충주가 차례로 무너지고 한양까지 위험해지자 조정은 도성을 버리고 평양으로 피난 갔습니다. 한양을 지키던 도원수 김명원 역시 왜군의 대규모 침공에 도성을 포기하고 후퇴했습니다. 그나마 부원수 신각이 양주 해유령에서 북으로 쳐들어오던 왜군을 기습해 적잖은 타격을 주었지요.

한양을 점령한 왜군은 북상을 계속했습니다. 가토 기요마사가 이끄는 2번대 침략군은 함경도로 쳐들어가 곳곳을 유린했고, 고니시 유키나가가 이끄는 1번대 침략군은 국왕 선조를 쫓아 평양으로 쳐들어갔습니다. 1번대 침략군은 임진강을 사이에 두고 우리 군대와 대치했습니다. 한응인, 김명원 등이 이끄는 우리 군대는 며칠 동안 임진강에서 방어선을 구축해 십수일 동안 왜군의 북상을 저지했습니다. 한편 남쪽에서는 한양을 탈환하고자 삼남 지방(영남, 호남, 충청)에서 수만 명의 군사가 총집결해 북상했고 용인에서 왜군과 전투를 벌였습니다. 하지만 훈련이 잘되지 않았던 삼남 지방의 군대는 왜군의 급습에 패배해 와해되고 말았습니다.

평양에 입성한 조정은 한 달 동안 머물렀으나 방어전을 적극적으로 벌이지 않고 전쟁 책임을 두고 갑론을박만 했습니다. 결국 임진강 방어선이 뚫리자 조정은 압록강을 넘어 명나라로 도망칠 심산으로 결사항전을 천명한 평양 백성들을 외면하고 또다시 의주로 도망쳤습니다.

평양에 남은 우리 군민들은 왜군에 맞서 수십 일 동안 치열하게 방어전을 벌였지만 평양성은 왜군에 점령당하고 관군은 퇴각했습니다. 하지만 평양 군민들은 평양 주변에 방어진을 형성하고 의병부대를 조직해 왜군의 북상을 저지했습니다. 평양 군민들의 투쟁 덕분에 왜군은 더 이상 북으로 나아가지 못하고 평양에 머무를 수밖에 없었습니다.

전쟁 첫 시기 방어전에서 우리 민족은 왜군에게 적잖은 타격을 입혔으나 왜군의 침공을 좌절시키거나 우리 땅에서 몰아낼 정도는 아니었습니다. 이는 조선 지배층이 군사軍事에 소홀하고 군대를 강화하지 못했기 때문입니다. 그 결과 전쟁 초반 우리나라 곳곳은 왜군에 의해 유린당할 수밖에 없었지요. 하지만 저들은 오판했습니다. 그 어떤 협박과 만행에도 이 땅을 되찾고 왜군을 몰아내려는 우리 민족의 애국심과 항전 의지는 결코 꺾을 수 없었습니다.

반격의 시작

북쪽에서 왜군의 침공에 맞서서 치열한 방어전이 전개되는 동안 바다의 수군과 전국 각지의 의병들이 곳곳에서 반격의 서막을 열었습니다. 일찍이 전쟁이 일어날 것을 예견하고 대비를 해오던 전라좌수사 이순신 장군은 바다에서 왜군을 물리칠 대책을 세웠습니다. 전쟁이 터지자 이순신 장군은 5월 4일 전라우수사 이억기 장군과 함께 출전에 나섰고 옥포, 합포, 적진포 등지에서 왜군 함대를 격파하는 첫 승리를 거두었습니다.

이어서 이순신 장군은 5월 29일 2차 출전에 나서 사천포와 당포 일대에서 왜군 함대를 격파했습니다. 7월 3차 출전에서는 한산도에서 왜군 함대를 크게 격파했으며 이어서 안골포에서도 승리를 거두었습니다. 9월 1일 4차 출전에서는 왜군의 근거지였던 부산포를 공격해 수많은 왜군 함대를 격파했고 왜군이 남해안에 침범하지 못하게 확실히 제압했습니다. 네 차례에 걸친 출전을 통해 이순신 장군이 이끄는 수군은 남해안 재해권을 완전히 장악하고 왜군의 수륙병진작전을 파탄시켰습니다. 바다를 통한 군량 및 군수 물자 운송이 차단당하자 왜군은 북진은커녕 당장에 식량 문제로 골머리를 앓게 되었습니다.

육지에서는 전국 각지에서 나라를 지키고자 의병들이 일어섰습니다. 초야에 있던 선비들이 나라를 지키고자 나서니 남녀노소는 물론이고 노비와 스님들도 힘을 합쳐 의병 투쟁에 나섰습니다. 경상우도(영남 동부)에서는 곽재우 장군이 의병을 조직해 유격전으로 왜군의 보급로를 차단하고 호남으로의 침공을 저지했습니다.

곽재우 의병부대의 분전에 힘입어 영남 지방 전역에서 의병 투쟁이 활발하게 벌어졌습니다. 김면·정인홍 의병부대는 곽재우 의병부대와 함께 경상우도에서 활약했습니다. 경상좌도(영남 동부)에서는 권응수 의병부대가 영천을 탈환하며 백성들을 크게 고무시켰습니다. 이외에도 호남(고경명, 김천일, 최경회, 처영 등), 충청(조헌, 영규), 함경도(정문부) 등 전국 각지에서 고향과 조국을 지키려 수많은 의병들이 들고일어났습니다.

예상치 못한 바다에서의 참패와 의병 투쟁에 당황한 왜군은 군량미도 확보하고 육지에서 이순신 장군 휘하 우리 수군을 타격할 목적으로 호남 지방으로 쳐들어갔으나 영남에서 호남으로 넘어가는 과정은 순탄치 않았고 전주로 가는 길목인 웅치·이치고개에서도 권율과 황진 장군이 이끄는 전라도 군민의 결사항전으로 호남 땅을 밟지 못했습니다. 결정적으로 호남에서 일어난 고경명 의병부대와 충청도에서 일어난 조헌·영규 의병부대가 차례로 왜군의 호남 침략 기지였던 금산성을 공격하면서 왜군은 호남 침공을 포기할 수밖에 없었습니다.

수군과 의병의 분전으로 관군 역시 용기를 얻으며 반격에 나서 적잖은 지방을 수복했습니다. 8월 하순에는 이정암 의병부대가 연안성에서 왜군을 물리치며 황해도를 지켜냈고, 9월 하순에는 박진 장군이 신무기 비격진천뢰를 이용해 경주성을 탈환했습니다. 진주성에서는 김시민 장군이 진주를 거쳐 호남으로 쳐들어가려는 왜군의 대규모 병력에 맞서 혈전을 벌여 성을 지켜냈습니다. 함경도에서는 정문부 장군이 의병부대를 조직해 가토 기요마사 휘하 왜군을 물리치며 함경도 전역을 되찾았습니다.

1592년 말부터 1593년 초 우리 군대는 대대적인 반격에 나섰습니다. 1593년 1월, 평양 군민은 명나라 군대와 함께 평양성을 탈환했고 남쪽으로 도망치는 왜군을 추격했습니다. 2월에는 권율 장군이 호남 군민을 이끌고 행주산성에서 왜군의 대규모 침공을 물리치는 대승을 거두었습니다. 잇따른 패전과 역병, 식량난 속에서 전의를 상실한 왜군은 한양을 유지하는 것마저도 어려웠습니다. 4월 18일, 결국 왜군은 한양에서 퇴각해 남쪽으로 도망쳤습니다.

이처럼 우리 민족은 수군과 의병의 활약으로 국토를 회복하고 왜군을 남해안 일대로 몰아냈습니다. 전쟁 초반, 국왕 선조만 잡으면 조선을 쉽게 장악하고 명나라에도 쳐들어갈 수 있다고 얕보았던 왜군은 우리 민족의 항전에 고전을 면치 못했고 군량 부족과 질병, 혹독한 한반도의 추위 속에서 조선 침략을 이어 나갈 수 없었습니다. 결국 민족의 항전으로 왜군은 조선 점령에 실패해 도망칠 수밖에 없었고 불리한 위치에서 조명연합군에 강화를 요청했습니다.

왜군은 겉으로는 조명연합군과 교섭을 벌였지만 실제로는 침략군을 증설하며 침략 야욕을 버리지 않았습니다. 또한 진주성 패전의 복수를 명목으로 6월 14일에는 12만 3,000명의 대규모 병력을 동원해 진주성을 총공격했습니다. 혈전 끝에 진주성은 함락되었고 성안의 모든 군민이 전사하거나 학살당했지만, 이들은 열흘 동안 왜군의 공격을 필사적으로 막아내며 우리 민족의 투쟁 의지를 아낌없이 보여주었습니다. 진주성을 점령한 왜군 역시 막대한 피해를 입어 진주성을 넘어 호남으로 쳐들어가지 못하고 다시금 남해안 왜성으로 퇴각할 수밖에 없었습니다.

✠ 지리멸렬한 강화 회담 속 전쟁 준비

1592년 4월에 시작된 전쟁은 1593년 7월부터 조명연합군과 일본 사이에 강화 담판이 벌어지면서 소강 상태에 들어갔습니다. 그러나 강화 회담은 지루하게 흘러갔습니다. 일본은 조선 침략 야욕을 버리지 않고 충청 · 영남 · 호남 지방 할양, 조선 국왕의 항복, 명나라 공주와 일본 국왕의 혼인 등과 같은 무리한 조건을 내세우며 매번 교섭을 파탄시켰습니다. 그리고 남해안 일대에 왜성을 10여 개 이상 쌓고 주변 고을을 약탈하며 장기전에 돌입했습니다.

강화 담판을 주선한 명나라도 어떻게든 강화를 맺고 빨리 고국으로 돌아가는 데만 몰두해 왜군을 몰아내는 데는 소극적으로 나섰습니다. 특히 교섭 대표였던 심유경이 조명연합군과 일본 사이의 교섭에서 비열한 수작을 부리면서 강화 회담은 별다른 진전이 없었습니다.

한편 강화 회담이 이루어지는 4년 동안 조선은 다가올 전쟁에 대비했습니다. 전쟁으로 온 국토가 황폐해지고 선조를 위시한 무능한 지배층이 명나라에 작전 및 교섭과 관련한 전권을 주는 바람에 단독 작전을 펼치기는 어려웠지만, 그럼에도 명나라만 믿어서는 안 되고 조선 자체의 힘을 길러 왜군을 몰아내야 한다는 의견이 높아져 갔습니다. 이에 따라 조정에서는 이순신 장군을 삼도수군통제사로 임명하는 한편 전쟁 초반에 취약점을 드러낸 제승방략제를 폐지하고 의병을 정규군으로 편제해 진관제·속오군 체제로 개편했습니다. 특히 부족했던 전쟁 대비를 교훈으로 삼아 군사력을 강화할 여러 가지 대책을 마련했습니다. 1593년 8월, 조정에서는 한양에 훈련도감을 설치해 군사 훈련과 신무기 도입을 주관했습니다.

훈련도감에서는 조선에 투항한 일본인(항왜)을 통해 신무기 조총을 도입해 보급하는 한편 일반 백성뿐 아니라 노비 중에서도 힘세고 무술에 능한 인재들을 적극 등용해 정예 병력을 육성했습니다. 그리고 영남, 호남, 충청 일대의 산성과 군사 시설을 보수하고 화약, 화포, 탄환 등의 무기를 대량으로 생산했습니다. 이외에도 전국 각지에 둔전을 경영해 군량미를 확보하고 피난민을 구제했습니다.

또한 반쪽이나마 조선 자체의 단독 작전이 추진되어 1594년 9월에는 이순신 장군이 바다를 통해 장문포를 공격하고 육지에서는 곽재우, 김덕령 등이 이끄는 의병부대가 왜성을 공략했습니다.

비록 큰 성과는 얻지 못했지만 장문포해전은 우리 군대가 단독으로 첫 수륙병진작전을 전개했다는 의의가 있습니다.

�֎ 다시 시작된 전쟁 그리고 명량에서의 승리

4년간 지지부진하게 흘러가던 강화 회담은 결국 결렬되었고, 도요토미 히데요시는 15만 명의 대병력에 조선 재침략 명령을 내렸습니다. 1597년 2월, 정유재란이 시작되었습니다. 전쟁이 다시 시작되자 조정에서는 삼남 지방을 중심으로 왜군의 침공을 막는 한편 왜군 내에서 사이가 나쁘기로 유명했던 고니시 유키나가와 가토 기요마사 사이를 이간질해 왜군의 전력을 약화하려 했습니다.

하지만 조정은 이순신 장군을 파직시키기도 했습니다. 이순신 장군을 질투했던 경상우수사 원균이 이순신 장군을 모함했고, 의심 많고 권력욕이 강했던 선조가 구국영웅으로 등극한 이순신 장군을 끊임없이 견제하고 불신했기 때문입니다. 억울하게 파직당한 이순신 장군은 한양으로 압송되어 죽을 뻔했으나 이원익, 김명원, 정탁 등 양심적인 관료들의 변호와 그를 믿고 따르던 백성들의 항의로 겨우 살아남아 백의종군의 길에 오르게 되었습니다.

전쟁 목전에서 유능한 지휘관을 파직시킨 대가는 뼈아픈 결과로 다가왔습니다. 이순신 장군 대신 통제사에 임명된 원균은 포악할 뿐 아니라 무능했고, 왜군의 역공작에 걸려든 조정에서는 우리 수군에 부산포 공격을 재촉했습니다. 결국 무리한 출동으로 칠천량에서 왜군의 기습을 받아 궤멸당하는 참극이 벌어졌습니다. 눈엣가시 같던 조선 수군이 일시적으로 사라지자 왜군은 거침없이 쳐들어왔습니다. 임진왜란 때 우리 수군과 의병들의 항전으로 공략에 실패했던 호남 지방으로 쳐들어온 왜군은 남원과 전주 등지를 점령하며 전라도 각지를 피바다로 만들었고, 수륙병진작전을 펼쳐 한양까지 북상하려 했습니다. 그야말로 다시 찾아온 위기였습니다.

그러나 왜군의 만행은 오래가지 못했습니다. 약탈과 전쟁 범죄, 학살 만행에 분노한 우리 민족은 왜군에 대한 불타는 적개심을 안고 다시 일어나 항전했고, 충청도 직산에서 왜군의 북진을 막아내는 데 성공했습니다. 무엇보다도 칠천량 패전 이후 다시 통제사에 임명된 이순신 장군이 진도 울돌목에서 열두 척의 배로 대규모 왜군 함대를 격파하는 기적 같은 대승리를 거두면서 왜군의 계획은 완전히 파탄나고 말았습니다.

정유재란 초반 우리 민족은 무능한 지배층의 패착으로 유능한 지휘관을 잃고 수군까지 궤멸당한 불리한 상황에 직면했습니다. 하지만 우리 민족은 좌절하지 않고 왜군에 맞서 치열하게 싸웠으며 울돌목에서의 대승리로 전황을 역전시키는 데 성공했습니다. 한양으로의 북진이 막히고 명량에서 참패를 당한 왜군은 전의를 상실했고 더는 조선 침략을 이어나갈 수 없었습니다. 하지만 도요토미 히데요시가 철군을 거부하면서 왜군은 남해안 일대 왜성에 틀어박혀 농성을 계속했습니다.

우리 민족은 직산전투와 명량대첩의 승리에 힘입어 반격에 나섰습니다. 1597년 12월부터 1월까지 조명연합군은 가토 기요마사가 주둔하던 울산왜성을 포위하고 총공격했습니다. 비록 왜군의 항전으로 성을 공략하는 데는 실패했지만 이 전투는 수많은 왜군을 살상하고 전력을 크게 약화시켜 왜군이 울산 밖으로 쳐들어갈 엄두도 못 내게 했다는 데 의의가 큽니다.

1598년 8월, 도요토미 히데요시의 사망 소식이 전해지자 왜군은 일본으로 도망칠 계획을 서둘렀습니다. 조명연합군은 이를 놓치지 않고 사로병진작전을 세우고 왜군을 이 땅에서 완전히 몰아내기 위한 총공격에 나섰습니다. 사로병진작전은 육상의 삼로군과 수로군을 동시에 나아가게 하여 일본군을 공격하는 작전을 말하는데, 왜군의 항전과 명나라군의 소극적인 행태로 큰 성과를 거두지 못했지만 왜군을 더욱 궁지에 몰아넣었습니다.

1598년 11월 19일, 노량 앞바다에서 이순신 장군이 이끄는 조명연합 함대가 일본으로 도망치는 왜군을 격파하면서 7년 동안의 임진왜란은 우리 민족의 빛나는 승리로 마무리되었습니다.

✠ 민족의 자주권을 지켜낸 위대한 승리

지금까지 임진왜란 전개 과정을 살펴보았습니다. 우리는 임진왜란에 대해 어떻게 평가할 수 있을까요? 결론부터 말하자면 왜군의 침략에 민족의 자주권과 조국 강토를 지켜낸 '위대한 승리'라고 할 수 있습니다.

물론 일각에서는 전쟁의 여파로 국토가 황폐화되고 수많은 인적·물적 피해를 냈으니 사실상 패배라고 주장하지만 이는 틀린 주장입니다. 애초에 조선 정복을 넘어 동북아시아를 침공하려던 일본의 계획이 우리 민족의 항전으로 완전히 파탄 났으므로 임진왜란은 일본의 참패라고 할 수 있습니다.

전쟁의 여파는 조선만이 아니라 일본에도 미쳤습니다. 일본은 막대한 국력을 소진하며 조선을 침략했지만 우리 민족의 투쟁으로 완전히 실패로 끝났습니다. 패전의 결과로 도요토미 히데요시 정권은 몰락했으며 도쿠가와 이에야스가 전국을 다시 통일해 에도 막부를 세웠습니다. 에도 막부는 조선과의 관계를 정상화시켰고 이후 일본은 조선을 침략할 엄두도 내지 않았습니다.

임진왜란에서 우리 민족이 승리한 요인을 따져본다면 민족 전체가 자주권을 지키고자 한 몸이 되어 항전에 나선 것을 꼽을 수 있습니다. 전쟁 초반 지배층들이 한양을 버리고 피난 갔을 때도 백성들은 주저 없이 왜군에 맞서 싸웠습니다. 민족 전체가 애국심을 가지고 치열하게 싸웠기에 이순신, 권율, 김시민, 황진 등과 같은 명장들도 그들을 믿고 전투를 지휘할 수 있었고 그 결과 왜군을 물리치고 나라를 지켜낼 수 있었던 것입니다.

임진왜란은 우리 민족의 자주권을 지켜낸 것에 그치지 않고 동북아시아의 평화를 지켜냈다는 점에서도 의의가 큽니다. 임진왜란에 파병했던 명나라 역시 조선이 왜군을 몰아내고 전쟁에 승리하면서 안전을 보장받을 수 있었습니다. 우리 민족이 치열하게 싸웠기에 명나라가 전쟁의 참화를 면할 수 있었던 것입니다.

결국 임진왜란의 모든 과정에서 민족의 하나 된 항전을 통해 우리 민족은 자주권을 수호하고 동북아시아의 평화도 지켜낼 수 있었던 것입니다.

1부

반침략 투쟁의
현장을 찾아

죽기는 쉬우나
길을 비키기는 어렵다

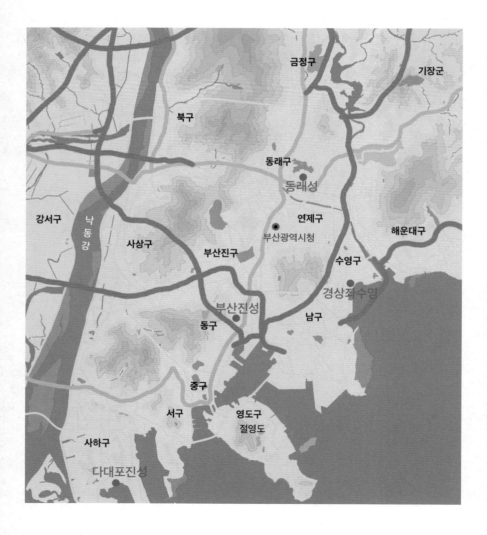

임진왜란 전적지 중 가장 먼저 살펴볼 곳은 전쟁이 시작된 부산입니다. 전쟁 초반 부산 군민들은 대규모 적에 맞서 목숨을 걸고 싸우다가 장렬히 최후를 맞이했습니다. 전쟁 초반 이들이 보여준 투쟁 정신은 왜군에게 조선 침략이 쉽지 않을 것임을 제대로 각인시켰습니다.

✠ 부산진성

임진왜란의 첫 전투가 벌어진 부산진성부터 찾아가 봅시다. 임진왜란 발발 당시 부산진은 부산진첨사 정발 장군의 지휘 아래 800명의 군인이 지키고 있었고, 성안에는 백성 약 2,000명이 살고 있었습니다. 왜군의 대함대가 절영도 앞바다에 나타났을 당시 정발 장군은 장병들을 이끌고 절영도 앞바다에 나가 해상 훈련을 하고 있었습니다. 해가 중천에 뜨자 정발 장군은 배를 절영도에 정박하고 휴식 및 장병 사기 독려 차원에서 사냥과 회식을 벌였습니다.

분위기가 무르익을 무렵 정발 장군과 장병들은 수평선 멀리서 다가오는 왜선들을 발견했습니다. 그런데 일반적인 세견선(교역선)이라고 하기에는 수가 너무 많았습니다. 보통 대마도에서 오던 세견선은 10척 정도인데 그 왜선들은 족히 수백 척은 되어 보였습니다. 이미 몇 달 전부터 일본인들이 체류하던 왜관도 텅 비어있던 상황인데 대마도에서 일본 세견선이, 그것도 대규모로 오니 정발 장군과 장병들은 이내 남쪽 바다를 가득 메우고 다가오는 배들이 세견선이 아니라 왜구가 대규모 함대를 이끌고 쳐들어오는 것임을 직감했습니다. 이들은 즉시 훈련을 중단하고 성으로 황급히 되돌아와 전투 태세에 갖추었습니다. 이렇게 7년간의 임진왜란은 남쪽 끝 부산진에서부터 시작되었습니다.

성으로 돌아와 전투 태세에 들어간 정발 장군은 왜군에게 노획될 것을 우려해 부산진 휘하 군함들을 자침*시키는 한편 성안의 무기와 방어 시설들을 정비하고 성 방어를 강화했습니다. 또한 경상좌수사 박홍과 경상우수사 원균에게 사절을 보내 왜군 침략 사실을 전하고 원군을 요청하고 악공을 시켜 성 누대에서 피리를 연주케 해 장병과 백성들을 독려했습니다.

고니시 유키나가가 이끄는 1번대 침략군은 기병을 보내어 부산진성의 상황을 살핀 후 5월 14일 새벽 6시 성을 삼면으로 포위하고 공격하기 시작했습니다. 박홍과 원균이 왜구 침공 소식에 기겁하고는 함대를 버리고 도망쳐 버렸기에 지원군은 기대하기 어려웠고, 정발 장군과 부산진성 군민들은 적에 맞서서 외로운 싸움을 벌였습니다.

정발 장군은 검은색 갑옷을 입고 최전선에서 장병들과 백성

---

* 자기가 타고 있던 배를 스스로 가라앉히는 것을 말합니다.

들을 독려했고, 부산진성 군민들은 수적 열세에도 불구하고 조총을 쏘며 몰려드는 왜군에게 화포와 화살로 맞서며 용감하게 싸웠습니다. 비록 정발 장군은 교전 과정에서 총에 맞아 전사하고 부산진성 역시 함락되어 성안의 모든 군민이 학살당했으나 이들은 전투 과정에서 왜군에게 우리 민족의 투쟁 정신을 여지없이 보여주었습니다.

부산진전투를 묘사해 놓은 부산진순절도
(출처: 육군사관학교 군사박물관)

부산진전투가 벌어졌던 부산진성은 어디에 있었을까요? 오늘날 지도에서 부산진성을 검색해 보면 부산시 동구 범일동 자성대공원으로 나옵니다. 현재의 모습은 일제강점기 때 시가지 확장으로 철거되었다가 1974년 부산진성 복원 공사를 통해 동문인 건춘문, 서문인 금루관, 지휘관이 전투를 지휘하던 장대인 진남대 등을 복원한 것(부산시 기념물 제7호)입니다.

하지만 오늘날 우리가 볼 수 있는 부산진성 자리는 임진왜란 당시 왜군이 쌓은 자성대왜성이 있던 곳입니다. 전쟁 이후인 1607년(선조 40년) 조정에서 일본식 왜성인 자성대왜성을 허물고 그 자리에 부산진 소재지를 옮겨와 새롭게 성을 쌓은 것이지요. 현재 우리가 볼 수 있는 부산진성 자체도 현대에 복원한 것이어

부산진성 진남대가 있는 자성대공원

부산진성의 서문 금루관과 부산진성 성벽 유적

서 임진왜란 당시의 처절함을 느끼기에는 영 아쉽습니다. 그래도 자성대공원을 둘러싼 옛 부산진성 성벽을 보면 일본식 성벽과 우리식 성벽이 혼합된 양식이 나타나 당시 왜군 침략 현장을 느낄 수 있습니다.

임진왜란 당시 부산진전투가 펼쳐진 부산진성을 보려면 자성대공원에서 북서쪽으로 1킬로미터가량 떨어진 증산왜성(증산공원)으로 가야 합니다. 증산왜성은 부산진성을 허물고 그 자리에 조선 침략 교두보를 마련하고자 모리 데루모토가 새롭게 세운 일본식 성입니다.

1593년 3월부터 시작해 8월에 만들어진 증산왜성의 축성 과정에서 약 1만 명의 백성이 강제로 동원되었다고 합니다. 이렇게 부산진성 자리에 세워진 증산왜성은 부산 지방 왜군의 핵심 근거지이자 일본 본토와 조선을 연결하는 교통 요충지로 활용되었습니다. 자성대왜성도 증산왜성을 방어하기 위해 쌓았고, 전쟁 동안 1만 명의 병력과 400척의 왜선이 상시 주둔했다고 하니 왜군에게 이 성이 얼마나 중요했는지 느껴집니다.

산 능선에 2~3중으로 쌓은 석축(폭 1,200미터, 높이 5.3~6.3미터)을 보면 당시 왜군의 조선 침략 야욕과 이에 동원당한 부산 백성의 고통과 통한이 느껴집니다.

본성과 천수각이 있었던 것으로 추정되는 산 정상의 전망대에 오르면 부산항 전경과 절영도, 자성대공원이 훤히 잘 보입니다. 전망대에서 부산 앞바다를 보며 당시 산 정상에서 수많은 왜

증산전망대에서 바라본 부산 시내

군을 보며 싸웠을 정발 장군과 부산 군민들의 심정이 어떠했을지 느껴봅시다.

✖ 다대포진성터, 윤공단, 몰운대

다음으로 살펴볼 장소는 다대포전투가 벌어진 다대포진성터 입니다. 부산 최남단에서 낙동강 하구와 남해가 만나는 위치에 있 는 다대포는 부산에서 유명한 장소입니다. 남해를 향해 튀어나온 곳인 몰운대를 중심으로 왼편에는 다대포해수욕장이 있으며 오른편에는 '다대포多大浦(크고 넓은 포구)'라는 이름에 걸맞게 널찍한 포구가 있습니다. 남해가 훤히 눈에 들어오는 몰운대 정상에서 바라보는 석양은 특히 아름답습니다. 맑은 날에는 대마도도 보입니다.

지형 특성상 다대포는 남해가 훤히 보이고 뱃길을 통해 북으로 올라가면 낙동강으로 갈 수 있어 예로부터 수운(바다나 하천 등의 물길을 통한 운송) 및 군사적 요충지였습니다. 남해에서 낙동강으로 거슬러 올라가 영남 각지에 물자를 운송할 수도 있고 날이 맑으면 대마도도 보이기에 왜구 침략에 대비할 수 있기 때문이지요. 그래서 신라시대부터 이사부 장군이 이곳을 금관가야 정벌 근거지로 삼아 군사를 주둔시키고 훈련을 벌였다는 기록이 나옵니다. 조선시대에는 다대포진성을 세우고 왜구 침입에 대비했습니다.

임진왜란 때는 부산진전투에 이어서 두 번째 전투가 다대포에서 벌어졌습니다. 부산진을 함락한 왜군은 해안에서의 우리 군대의 저항을 제압하고자 4월 14일 다대포를 공격했습니다. 다대포를 지키고 있던 윤흥신 첨사가 이끄는 800명의 우리 군대는 왜군에 맞서 격렬한 저항을 벌였고 야간 기습전을 벌여 왜군의 허를 찌르기까지 했습니다. 윤흥신과 장병들의 활약으로 왜군은 다대포 점령에 실패하고 후퇴했습니다. 다음 날 왜군은 군사를 정비해 다시 다대포를 공격했습니다.

전날 한 차례 전투를 끝냈을 무렵 한 군사가 윤흥신에게 말했습니다.

"얼마 뒤에 대규모의 왜구가 다시 이곳을 칠 것 같습니다. 이곳에서 피해 후일을 기약해야 할 것 같습니다."

그러나 윤흥신은 '변방을 지키는 장수에겐 오직 죽음만이 있을 뿐'이라며 끝까지 싸울 것을 결의했고 이복동생인 윤흥제와 함께 대규모 왜군에 맞서 싸웠습니다.

부산진성과 마찬가지로 윤흥신·윤흥제 형제와 800명의 용사들은 장렬하게 최후를 맞이했습니다. 다대포에서의 분전 역시 부산진, 동래성 못지않게 왜군에게 큰 타격을 주고 우리 민족의 투쟁 정신을 보여주었다는 점에서 의의가 큽니다.

조선시대 다대포진성은 둘레 541~561미터에 높이 3.9미터의 성벽으로 둘러싸인 작지 않은 규모를 자랑했으며 중앙에는 관아가 있었고 동서남북으로 성문이 조성되었습니다. 오랫동안 역사에 파묻혀 있다가 드러난 다대포전투의 역사처럼 다대포진성 역시 당시의 모습을 느끼기는 어렵습니다. 성안에 있던 건물들은 이미 헐려 흔적조차 남지 않았으며 성벽이 있던 자리에는 주택과 학교가 들어서 담벼락에서나마 성벽의 흔적을 겨우 찾아볼 수 있을 뿐입니다. 다행히 2016년 4월 재개발 공사 중에 옛 다대포진성 해자가 발견되고 발굴 과정에서 기와 조각, 성벽 돌 등의 유물이 출토되어 이곳에 적잖은 규모의 성이 있었음을 추측할 수 있습니다.

다대포진성 근처 북동쪽 야산에는 다대포전투의 주역인 윤흥신 장군과 800명의 용사를 기리는 윤공단(부산시 지방문화재 기념물 제9호)이 자리 잡고 있습니다. 조선 후기에 통신사로 파견되었던 조엄의 노력으로 윤흥신·윤흥제 형제와 800명의 용사들의 분투가 세상에 알려졌고, 조정에서는 1765년(영조 41년)에 그들을 기리는 사당을

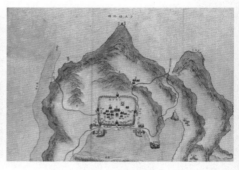

1782년에 제작된 다대포진성도

다대포진성 관아 동헌에 설치했습니다. 현재 볼 수 있는 윤공단은 1970년 다대포진성 관아가 있던 자리에 학교를 세우면서 현재 위치로 옮긴 것입니다.

윤공단은 비석과 제단으로 구성되어있고 그 앞으로는 울창한 소나무숲이 조성되어있습니다. 윤공단으로 올라가다 보면 다대포진성 관아에 있던 역대 첨사들의 공덕을 기린 송덕비사 보입니다. 다대포전투가 벌어진 4월 14일을 기려 매년 이곳에서는 윤흥신·윤흥제 형제와 800명의 용사들의 혼을 기리는 제사를 지냅니다. 윤공단 비석은 1765년 당시 다대포첨사였던 이해문이 설치한 것으로 앞면에는 '첨사 윤공흥신 순절비'라고 적혀 있고 뒷면에는 전투에 대한 짤막한 내용이 소개되어있습니다. 비석 옆에는 윤흥제와 800명의 용사를 기린 의사 윤흥제비와 순란사민비도 있지요.

다대포 남쪽에 있는 몰운대에는 다대포진성 관아에 있던 회원관(부산시 지방문화재 제3호)이 옮겨져 있습니다. 동헌 건물인 회

다대포진성 성벽으로 추정되는 민가 담벼락과 발굴 당시 모습

원관은 조선시대 다대포진성의 위상을 느낄 수 있는 유일한 유적입니다. 다만 벽들이 오래전에 사라져서 현재는 정자 같은 모양새가 되어버려 아쉬울 따름입니다.

　오랫동안 이 건물은 관아에서 귀빈이 묵거나 지방관이 한양의 임금에게 매달 초하루에 인사하는 장소인 객사 건물로 잘못 알려져 있다가 2020년에야 다대포첨사가 업무를 보는 동헌임이 밝혀졌지요. 우여곡절이 많은 유적이지만 몰운대에 올라 다대포진성 동헌을 보며 전투 당시 윤흥신이 관아 건물에 올라 기왓장을 던지며 목숨을 다해 싸웠을 그 장면을 떠올려봅니다. 이외에도 몰운대에는 부산포해전 당시 전사한 녹도만호 정운 장군을 기리는 정운공순의비도 있습니다. 그러나 정운공순의비는 현재 군부대 내에 있어 민간인이 답사하기는 어렵습니다.

　다대포전투와 관련된 유적 대다수는 제 모습을 잃고 흔적만 남아있거나 초라한 모습입니다. 그나마 원형을 유지하던 유적도

윤공단과 다대포진성 동헌

이곳저곳에 옮겨져 있습니다. 심지어 윤흥신을 기리는 동상은 엉뚱하게도 다대포가 아닌 동구 초량동에 있지요.

곡절 많은 근현대사를 거치고 개발 논리와 지역 간 정치적 이해타산 속에서 귀중한 문화유산이 어떻게 훼손되고 방치되었는지 보여주는 사례입니다. 이름난 명승지도 중요하지만 우리 민족의 역사, 특히 우리가 어떻게 외침에 맞서 자주와 평화를 지키고자 싸웠는지 기리고 보전하는 것도 중요하지 않을까요.

❋ 동래성, 동래성 역사관, 임진동래의총

세 번째로 찾아갈 전적지는 동래성(부산광역시 기념물 제5호)입니다. 동래성은 임진왜란 초반 송상현 장군과 군민 3,000명이 대규모 왜군에 맞서 결사항전을 벌였던 곳입니다.

부산진과 다대포를 점령한 왜군은 4월 15일 동래성을 침공했습니다. 일찍이 부산진에서의 교전 소식을 확인한 동래부사 송상현 장군은 성안의 군민들과 함께 전투 준비에 들어갔습니다. 성벽 주변으로 왜군의 진입을 막고자 마름쇠를 깔았으며, 성벽 위에는 목책을 세워 방비를 굳건히 했습니다. 양산군수 조영규, 울산군수 이언서, 조방장 홍윤관, 경상좌병사 이각 등도 군대를 이끌고 속속 동래성에 들어왔습니다. 하지만 이각은 왜군의 대규모 병력과 부산진 함락 소식에 겁을 먹고 성 밖에 진을 치고 있다가 이내 도망쳐 버렸습니다. 왜군은 8시부터 10시까지 동래성을 겹겹이 포위했습니다. 왜군은 송상현 장군에게 오만한 내용의 문패를 보내왔습니다.

싸울 테면 싸울 것이고, 싸우기 싫다면 길을 비켜라. 戰則戰矣 不戰則假道

송상현 장군은 이에 답변을 전하며 결사항전의 의지를 보였습니다.

죽기는 쉬우나 길 비키기는 어렵다. 戰死易, 假道難

그는 동래성 남문 누각에 올라 전투를 지휘했고 동래성 군민들은 불리한 상황에서도 용감히 싸웠습니다. 왜군은 수많은 허수아비를 만들고 갑옷을 입혀 사람으로 위장시켜 동래성 군민들

의 시선을 교란하는 한편 성에서 가장 취약했던 동문을 집중해서
공격했습니다. 동래성 군민들은 이에 맞서 화살과 포탄을 날렸고,
화약과 화살이 동이 나자 돌을 던지며 왜군에 맞섰습니다. 백성들
역시 농기구를 무기 삼아 왜군에 맞서 싸웠고 부녀자들은 민가
지붕에 올라 기왓장을 던지며 격렬하게 저항했습니다.

　동래성의 함락이 임박하자 송상현 장군은 관복으로 갈아입
고 조정을 향해 절을 하고는 시 한 편을 써서 아버지에게 전달케
하고 끝까지 싸우다가 장렬히 전사했습니다.

　　외로운 성에 달무리가 비꼈는데 孤城月暈

　　여러 진들은 근심없이 지내고 있구나. 列鎭高枕

　　임금과 신하 사이의 의리는 무겁고 君臣義重

　　아버지와 자식 사이의 은혜는 가볍도다. 父子恩輕

　결국 동래성은 함락당하고 송상현 장군과 군민들은 모두 최
후를 맞이했으나 왜군 역시 큰 피해를 입었습니다. 1번대 침략군
총대장인 고니시 유키나가는 부산 지방 전투를 마친 후 조선 침
략이 수월하지 않을 것임을 실감했고, 동래성전투 직후에는 송상
현 장군의 절개에 감탄하며 시신을 말에 태워 고향으로 보냈습니
다. 그리고 부산 지방에서의 분전을 통해 우리 민족은 전쟁에 대
비할 소중한 시간을 벌 수 있었습니다.

　오늘날에는 같은 부산광역시 관할이지만 조선시대에는 항

구인 부산과 내륙 도시인 동래는 관할이 달랐고, 동래는 부산보다 훨씬 큰 고을府, 부이었습니다. 조선의 주요 간선도로인 영남대로도 동래가 종착지였고, 일본인이 거류하던 왜관 역시 동래부에 있었으며, '조선-일본' 간 외교와 '조선-대마도' 간 무역도 부산진을 거쳐 동래에서 주로 진행되었습니다. 그러다가 일제강점기에 식민지 조선의 자원을 수탈하는 항구로 부산항이 크게 발전해 동래가 부산에 속하게 된 것입니다.

조선시대 동래부의 위상을 보여주듯 동래성은 거대한 규모를 자랑합니다. 동래구 복산동에서 수안동 일대에 조성된 동래성은 평지성과 산성을 결합한 평산성 구조로, 평지와 마안산 능선을 성벽으로 둘러싸며 수많은 백성을 수용할 수 있었고 험준한 지형 덕분에 방어력도 매우 높았습니다.

동래성은 동서남북으로 성문을 조성하고 군사적 목적의 비밀 통로인 암문暗門과 대피 통로인 인생문을 설치했습니다. 성 주변으로는 해자를 둘렀으며 각 성문에는 성 방어용 시설인 옹성을 설치하고 성벽 곳곳마다 치雉를 두어 방어력을 강화했습니다. 산지에는 북쪽과 서쪽에 지휘 시설인 장대將臺를 설치했지요.

동래성전투를 묘사해 놓은 동래부순절도
(출처: 육군사관학교 군사박물관)

답사할 때 유념해야 할 점이 있습니다. 오늘날 볼 수 있는 모형이나 복원 형태는 1731년에 동래부사 정언섭이 개축한 것을 바탕으로 하고 있습니다. 즉 오늘날 볼 수 있는 동래성은 임진왜란 당시의 모습이 아닙니다.

또한 부산광역시의 잘못된 유적 설명도 동래성전투를 올바로 이해하는 데 방해가 됩니다. 북동쪽에 있는 인생문에 대한 소개가 대표적인데, 부산광역시에서는 '임진왜란 당시 부산 백성들이 이 문을 통해서 빠져나가 목숨을 구할 수 있었다고 해 인생문이라 부른다'라고 소개하고 있지만 실제로 왜군은 북동쪽 성벽을 집중적으로 공략했고 동래성전투 당시에는 그 자리에 인생문이 없었습니다.

그렇다면 임진왜란 당시 동래성은 어떠했을까요? 발굴 결과 임진왜란 당시에는 오늘날 볼 수 있는 규모의 16퍼센트 정도에 불과했고 평지성(평지에 둘러쌓은 성)에 가까운 모습이었습니다. 물론 조선 초기에도 성벽 주변으로 해자를 파고 성벽 곳곳에 치를 조성하는 등 방어책을 마련했지만 평산성(평지와 산을 이어 쌓은 성)에 비해 평지성의 방어력은 아무래도 떨어질 수밖에 없습니다. 동래성전투 당시 기록에서도 왜군이 북동쪽의 낮은 성벽을 집중해서 공격했다는 내용이 나오는 것을 보면 취약성이 잘 드러납니다. 수적 열세, 평지성의 취약한 방어력 등 여러 가지 불리한 상황 속에서 송상현 장군과 동래성 군민은 처절하게 싸웠습니다.

동래성전투의 모습은 부산지하철 3호선 수안역 구내에 있는

현재 남아있는 동래성의 다양한 장소

동래성 임진왜란 역사관에서 생생히 느낄 수 있습니다. 전철역 구
내에 박물관이 자리 잡은 사연이 있습니다.

2005년 5월, 지하철 공사 도중 바로 임진왜란 당시 동래성
전투와 관련한 수많은 유물이 발견되었습니다. 이에 지하철 공사
는 일시 중단되고 대대적인 발굴 조사가 진행되었지요. 이 과정
에서 동래성전투 당시의 동래성 해자와 무기 및 장구류가 출토되
어 큰 화제가 되었습니다. 이후 발굴 결과를 바탕으로 3호선 개
통 두 달 전 수안역 구내에 박물관을 조성하고 유물을 전시하게

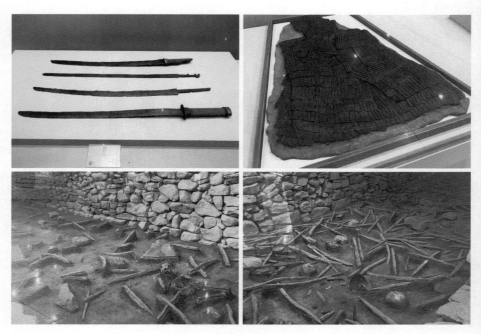

동래성 발굴 당시 출토된 유물과 유해

된 것입니다.

공사장에서 발견된 동래성 해자에는 수많은 사람의 유해도 쏟아져 나왔습니다. '성이 함락된 직후 왜군은 백성들을 학살하고 해자에 시체를 파묻었다'는 기록 그대로였습니다. 특히 조총에 맞은 것으로 추정되는 다섯살배기 어린아이의 유골과 머리뼈 일부가 파인 채로 발굴된 유골, 칼에 베인 듯한 유골 등은 당시의 참혹했던 학살 현장을 보여주었습니다. 동래성 군민들은 캄캄한 흙더미 속에서 오랜 역사와 함께 잠들어있다가 후손들의 발굴을 통해 세상에 다시 나와 살아있는 영혼으로 부활한 것입니다.

동래성 임진왜란 역사관의 학살 현장 전시물을 보면서 우리 땅을 짓밟았던 왜군의 잔악성과 포악함, 이 만행을 숨기려고 했던 일본의 행태에 분노를 금할 수 없습니다. 그리고 민족의 자주권과 평화를 지키기 위해 우리 조상들이 하나가 되어 왜군에 맞서 처절히 싸웠음을 느끼며 그 숙연함에 절로 고개를 숙이게 됩니다.

부산 지역 전투의
이름 없는 영웅들

부산 지역 전투에서는 정발, 송상현, 윤흥신 장군 등 명장이나 군민들뿐만 아니라 백성들 또한 장렬히 최후를 맞았습니다. 여성들은 화살과 돌을 날랐으며 부산진성의 함락이 임박한 순간에는 지붕에 올라 기왓장을 던지며 항전했습니다. 노비들도 성을 지키고자 목숨 바쳐 싸웠습니다. 부산진전투의 경우 정발 장군 휘하 조방장이었던 이정헌도 군민들을 독려하며 앞장서 싸우다가 목숨을 잃었습니다. 정발 장군의 애첩이었던 애향도 정발이 최후를 맞는 순간까지 간호하다가 자결해 그 뒤를 따랐다고 하며, 정발이 가장 아끼던 노비인 용월도 정발이 전사하자 분을 참지 못하고 왜군에 달려들어 싸우다가 최후를 마쳤습니다.

동래성전투에서도 보았듯이 수많은 백성이 왜군에 맞서 싸우다가 희생되었습니다. 그중 송상현 장군의 애첩이었던 한금섬과 이양녀가 있습니다. 그들은 동래성전투 당시 살아서 목숨을 보전하라는 송상현 장군의 부탁을 거절하고 그와 함께 최후를 맞을 것이라 결의했습니다. 그러나 이들은 죽지 못하고 왜군의 포로로 붙잡혔습니다.

부산 전역 지휘관과 군민들의 위패를 모신 부산 충렬사(출처: 부산시)

한금섬은 왜군의 협박과 겁탈에 굴하지 않고 3일 동안이나 왜군을 꾸짖다가 죽음을 맞이했습니다. 한금섬의 절개는 전국 각지로 퍼져 계월향, 논개 등의 순절에도 영향을 미쳤다고 합니다. 이양녀는 일본으로 끌려가서 도요토미 히데요시에게 여러 차례 수청을 강요받았으나 굴하지 않았습니다. 이 모습에 감탄한 도쿠가와 이에야스는 이양녀를 구해내 후시미성에 기거하게 하고 자신의 맏딸과 일본 여인들에게 법도와 예의범절을 가르치게 했습니다. 전쟁이 끝나고 조선에서 포로 송환을 요청하여 고국으로 돌아올 수 있었던 이양녀는 송상현 장군의 고향인 청주로 곧장 달려가 정실부인인 정씨와 만나 손잡고 통곡했다고 하며 그녀와 함께 송상현의 무덤을 관리하며 여생을 보냈습니다.

부산 지역 전투에서 희생된 이름 없는 영웅들과 관련한 재미있는 전설이 있습니다. 전쟁이 끝난 뒤 조정에서 부산진첨사를 새롭게 파견했는데 부임만 하면 며칠 지나지 않아 원인 모를 병을 앓다가 죽어 나갔습니다. 그러다 보니 부산진첨사 자리는 기피 관직으로 전락했습니다. 이에 대해 조정에서는 부산진이 전쟁으로 폐허가 되고 희생자들의 원혼이 어려 나쁜 기운을 주고 있다고 생각해 부산진 위치를 현재의 자성대공원이 있는 위치로 옮겼습니다. 그런데 부산진을 옮기는 공사 과정에 기존의 부산진에서 수백구의 유해가 쏟아져나왔습니다. 부산진전투 당시 희생된 군민들의 유해였습니다. 조정에서는 이를 자성대공원 인근에 안장했습니다. 이 일이 있고 난 후 부산진 마을에 역병이 돌아 수십 명이 죽어 나가는 일도 발생했지요. 그러던 어느 날 밤, 부산진에 사는 한 노인의 꿈에 이정헌이 나타났습니다.

"나는 임진왜란 때 부산진을 지키다가 죽었는데 아무도 아는 이 없어서 섭섭하다. 이를 부산진첨사들의 꿈에 나타나 호소하려 했는데 내가 만난 첨사들이 말하기도 전에 죽어버려 애통하다."

꿈에서 이정헌을 만난 노인은 짐작 가는 바가 있어 동래부사에게 알렸고 동래부사는 이정헌의 공로를 발굴해 조정에 알렸습니다. 조정에서는 숨은 영웅의 공로가 밝혀진 것을 기뻐하며 이정헌에 좌승지 관직을 내리고 충렬사에 모셔 제사를 지내게 했습니다. 그 뒤로는 부산진 백성들과 첨사에게 나쁜 일이 생기지 않았다고 합니다.

비록 전설이지만 이 당시 조국의 자주권을 지키기 위해 떨쳐나섰다가 최후를 맞이한 백성들의 한을 잘 보여주는 이야기입니다. 논공행상은 바라지도 않지만 최소한 후손들이 자신들의 투쟁을 잊지 않고 기억해주길 바라는 호소가 아니었을까요? 그나마 부산 지역의 이름 없는 영웅들도 지금은 정발, 송상현, 윤흥신 등과 함께 충렬사에 모셔 기리고 있으니 다행입니다.

천혜의 요충지를 버리고
익숙함을 택한 결과

두 번째로 찾아갈 장소는 탄금대전투가 벌어진 충주 일대입니다. 도순변사에 임명되어 기병 및 중앙군 8,000명에서 1만 6,000명의 병력을 이끌고 한양에서 출발한 신립 장군은 1592년 4월 28일 충주에서 왜군과 전투를 벌였습니다. 전투의 결과는 우리 군대의 뼈아픈 패배로 끝났으며 신립 장군과 부장 김여물은 끝까지 싸우다가 탄금대 절벽에서 남한강으로 뛰어들어 목숨을 끊었습니다.

여기에서는 탄금대전투 당시 최후의 항전 장소였던 탄금대부터 시작해 실제 전투가 벌어진 달천평야를 지나 문경새재까지 살펴보겠습니다.

✠ 탄금대

보통 탄금대전투에서 가장 잘 알려진 장소는 탄금대(명승 42호)입니다. 남한강과 달천이 만나는 장소에 자리 잡은 탄금대는 높은 절벽 아래 강물이 충주 일대를 휘감아 흐르고 절벽 뒤로 울창한 숲이 펼쳐져 절경을 자아냅니다.

전설에 따르면 삼국시대에 가야금을 고안한 사람으로 알려진 우륵이 대가야가 멸망하자 이곳에 와서 절벽 위에서 가야금을 타며 망국의 심정을 노래했다고 알려져 있습니다. 우륵의 가야금 연주가 신라 내에서 유명해지자 가야 유민들은 물론 신라 사람들

탄금대 전경과 열두대

도 그의 연주를 듣고자 충주 땅에 정착했고, 우륵은 이곳에서 마을 사람들에게 춤과 음악을 가르쳤다고 합니다. 훗날 우륵이 가야금을 타던 남한강 위의 절벽을 '탄금대'라고 불렀습니다.

그리고 1,000년이 흐른 뒤인 임진왜란 당시 탄금대에서는 충주전투가 벌어졌습니다. 다만 신립 장군이 탄금대 주위에서만 배수진을 치고 싸운 것은 아니었습니다. 실제 전투는 탄금대 아래 드넓은 달천평야에서 벌어졌고, 탄금대는 전투에서 패배하고 살아남은 신립 장군 휘하 병력이 왜군에 끝까지 맞서 싸우다가 최후를 맞이한 곳입니다.

산책길을 따라 안쪽으로 들어가면 우륵이 가야금을 연주하던 장소로 알려진 탄금정이 자리해 있습니다. 그 옆에는 탄금대전투 당시 신립 장군이 활시위를 쉴 새 없이 당기며 싸우다가 활줄이 뜨거워지자 열두 번을 오르내리며 식혔다는 '열두대'와 신립 장군과 김여물이 투신한 장소가 보입니다.

열두대 바위와 신립 장군 순절비를 보며 자신의 잘못된 선택으로 전투에서 패하고 온 나라가 자신에게 걸었던 기대가 무너진 것을 후회했을 신립 장군의 심정을, 그리고 죽기 직전까지 결사항전으로나마 이를 참회하고자 했던 통한이 느껴집니다. 역사는 오늘도 이어지고 있음을 보여주듯 절벽 뒤로 푸른 강물은 말없이 흘러갑니다.

✖ 달천평야

탄금대전투 당시 실제 우리 군대와 왜군 간에 교전이 치열하게 벌어진 장소는 달천평야입니다. 달천평야는 달천과 남한강을 젖줄 삼아 예로부터 농사가 대규모로 행해졌고 오늘날에도 드넓은 논밭이 펼쳐져 있습니다.

드넓게 펼쳐진 달천 벌판을 보며 왜 신립 장군이 이곳에서 기병전을 펼칠 것을 고집했는지 알 것만 같습니다. 답사를 갔던 때가 겨울철이었는데 날이 추워지면 땅이 얼어 말이 달리기에 문제가 없겠다는 생각이 들었거든요. 북방의 추운 지역에서 말을 타고 달리던 장수이였으니 함경도 벌판과 달천평야를 비슷하게 여겼던 것이겠지요. 문제는 전투가 벌어진 때는 4월, 양력으로 치면 오뉴월로 비도 자주 내리고 모내기를 위해 논에 물을 대어 땅이 물기를 머금은 때라는 데 있습니다. 이런 상황에서는 이 드넓은 벌판이 진흙탕으로 바뀌게 됩니다. 날씨는 생각하지 않고 '벌판'이라는 지형적 조건만 고집했다가 패착을 맞은 셈입니다.

탄금대전투의 전개 과정을 살펴보겠습니다. 4월 26일 도순변사 신립이 병력을 이끌고 충주에 도착했습니다. 신립 장군은 김여물을 비롯한 여러 장수의 건의에도 불구하고 자신이 이끄는 군사가 기병이란 점을 강조하여 험준한 새재보다는 드넓은 달천평야가 기병을 운용하기 좋다고 판단했습니다. 그래서 충주에서 남한강과 달천을 뒤에 두고 배수진을 쳤습니다.

4월 28일 새벽, 왜군은 새재를 통과했습니다. 아군 정찰병이 신립 장군에게 왜군이 새재를 돌파했다고 보고했지만 그는 거짓 정보로 아군에 혼란을 일으킨다며 정찰병을 죽여버렸습니다. 왜군에 대한 정확한 정보나 대비 없이 우리 군대는 기병전에만 의지해 4월 28일 오전 달천평야에서 적과 맞닥뜨렸습니다. 1만 8,000여 명의 왜군은 달천평야 일대에 배수진을 친 우리 군대를 3면(달천 오른편, 충주 간선도로 2면)으로 포위해 들어왔습니다. 신립 장군과 김여물은 수적으로 불리한 상황에서 병사들을 독려하며 기병대를 이끌고 수차례에 걸쳐 왜군을 타격했습니다.

하지만 왜군의 병력이 우세하기도 했고 지형적으로 불리하여 신립 장군이 믿었던 기병대는 왜군의 조총 사격에 각개격파 당했습니다. 기병대가 궤멸당하면서 우리 군대는 패색이 짙어졌습니다. 왜군 예비대는 직접 싸우지 않고 비어있던 충주성에 무혈 입성한 뒤 야전에 나선 왜군 본대와 함께 우리 군대를 협공했습니다. 왜군

달천평야 전경

예비대가 충주성을 점령하자 당황한 신립 장군은 본대를 충주성으로 급히 보냈고 이 과정에서 아군 대열은 빠르게 무너졌습니다.

결국 탄금대전투는 우리 군대의 뼈아픈 패배로 끝났으며 살아남은 병사들은 탄금대로 몰렸습니다. 신립 장군과 김여물은 적에게 맞서 싸우다가 남한강으로 뛰어들어 목숨을 끊었고, 병사들 또한 운명을 함께했습니다. 상주에서 겨우 목숨을 건진 이일 장군만이 홀로 살아남아 조정에 패전 소식을 알렸습니다.

✖ 충주에서 새재까지

탄금대와 달천평야를 뒤로 하고 충주에서 문경까지 고갯길을 따라 함께 가봅시다. 오늘날에는 중부내륙고속도로가 새재 주변의 이화령을 터널로 관통하고, 가까운 시기에 중부내륙선 철도가 문경새재를 통과할 것으로 보입니다. 그러나 조선시대만 하더라도 이곳을 관통하는 도로는 한양에서 동래까지 이어지는 영남대로뿐이었고, 그마저도 과거를 보러 가거나 한양으로 장사하러 가려면 험한 고갯길을 넘어야 했습니다. 충주에서 새재까지 걸어간다면 보통 8시간 정도 걸립니다.

충주 시내에서 남쪽으로 가다 보면 단월역이 나옵니다. 단월역은 달천이 남한강과 만나기 전에 달천평야를 굽이쳐 흐르는 지역으로, 상류 쪽으로는 강줄기 사이로 험한 협곡이 보이고 3번 국도를 따라 달천을 건너면 문경새재까지의 길고 긴 고갯길이 펼쳐집니다.

고갯길을 따라가다 보면 중간에 온천으로 유명한 수안보가 나옵니다. 수안보 역시 주변에 높고 낮은 산들로 둘러싸인 지형입니다. 수안보에서 좀 더 남쪽으로 내려가 3번 국도에서 빠져나와 자연휴양림 표지판을 따라 산길로 걸어 들어가면 드디어 문경새재 제3관문인 조령관이 보입니다.

'새도 날아 넘기 힘들다'라는 문경새재 고갯길은 총 세 개의 관문으로 구성되어있는데 충주에서 문경 방향으로 '조령관-조곡

문경새재 제3문 조령관

관-주흘관' 순서로 되어있습니다. 이들 세 관문은 임진왜란 초반
부터 존재했던 것은 아닙니다. 맨 처음 세워진 것은 제2관문인
조곡관으로, 전쟁 소강기인 1594년에 충주에서 의병부대를 일으
킨 신충원이 백성과 의병을 동원해 쌓았습니다. 제1관문 주흘관
과 제3관문 조령관은 1708년(숙종 34년)에 새재의 전략적 중요성
을 실감하고 새롭게 쌓은 것입니다.

　　탄금대전투 당시에는 세 개의 관문이 존재하지 않았으니 신
립 장군이 이곳에 방어선을 구축하기에는 시간이 촉박하다고 느
꼈을 것입니다. 그렇지만 고갯길 주변으로 펼쳐진 협곡을 보노라

면 최소한 여기에 목책이라도 세워 방어선을 구축했다면 어땠을까 하는 아쉬움이 납습니다. 명나라 장수 이여송도 '천혜의 요충지인 이곳에 방어선을 구축하지 않았다니 어리석다'라고 아쉬워했고, 조선 후기에도 백성들은 신립 장군이 왜 그런 결정을 내렸는지 의아해했으니까요. 그때의 아쉬움과 통한 때문인지는 모르지만 임진왜란 도중에나마 관문이 세워지고 조선 후기에 방어 시설이 증축되며 전략적 가치를 인정받았으니 다행입니다.

일각에서는 문경새재에서도 왜군을 막을 수 없었을 것이며 신립 장군이 탄금대에서 배수진을 친 것은 최선의 선택이라고 주장합니다. 왜군이 문경새재를 산길로 우회해 우리 군대에 역습을 가할 수 있었고 산지 특성상 보급로 확보와 후퇴도 어려웠다는 것이지요.

하지만 이는 설득력이 부족합니다. 새재 주변으로 서남쪽에는 이화령이 있었고, 북동쪽 월악산 방향으로는 하늘재가 있었습니다. 하늘재의 경우 '계립령'이라고 불리며 삼국시대부터 이용된 오랜 역사를 자랑합니다. 고구려의 온달 장군이 남쪽 영토를 되찾고자 출전할 때 이곳에서 맹세했습니다.

"계립령과 죽령 이남 땅을 되찾지 못하면 돌아오지 않으리라."

하지만 조선시대에는 하늘재를 크게 사용하지 않았는데 길이 좁고 험난하기도 했고 문경새재가 개척되면서 굳이 이곳을 이용할 필요를 못 느꼈기 때문입니다.

이화령도 고갯길이 험난할 뿐더러 산짐승의 피해도 막심했기에 조선시대에는 크게 사용되지 않았습니다. 오죽하면 '여러 사람이 어울려 함께 넘는다'는 뜻으로 '이유릿재'라고 불렀을까요.

이화령이 새재의 우회로로 널리 사용된 것은 일제강점기에 이곳을 관통하는 도로(3번 국도)가 뚫리면서부터입니다. 즉 임진왜란 당시 문경에서 충주로 가는 길목은 사실상 새재뿐이었고 우회전술은 애초에 불가능했습니다. 전쟁 이전에 아무리 밀정을 보내 우리나라 지형을 정탐했어도 왜군이 이런 정보까지 알 수 있었을까요? 새재와 그 주변의 험난한 고갯길에 실린 여러 이야기를 떠올리며 천천히 고갯길을 걸어봅시다. 협곡을 따라 펼쳐진 절경을 감상하면서요.

조총과 승자총통

임진왜란 당시 왜군이 사용한 조총에 대해 갑론을박이 오갑니다. 기존에는 '조총의 압도적 위력 속에 조선 군대가 속수무책으로 당했다'는 주장이 대부분이었고 탄금대전투에서도 조총의 위력 앞에 기병대가 당했다는 설이 널리 받아들여졌습니다. 그러나 최근에는 조총의 느린 연사 속도와 짧은 사정거리를 지적하거나 전국시대부터 임진왜란 당시 왜군의 조총 무장률이 높지 않은 점을 들어 조총이 생각보다 대단하지 않았다는 주장도 제기됩니다.

조총에 대해 그 성능을 과장하는 것도 바람직하지 않지만 그렇다고 지나치게 폄하해서도 안 됩니다. 임진왜란 초반 우리 군대는 왜군이 가져온 신무기 조총의 우수한 관통력과 시각적 공포, 빠른 육성 기간에 적잖은 충격을 받았습니다. 이에 영감을 받은 우리 조상들은 전쟁 초반의 교훈을 살려 전쟁 소강기에 투항한 왜군의 도움을 받아 훈련도감에서 조총병 양성을 적극 독려했습니다.

한편 우리 군대의 경우 조선 초중기부터 승자총통勝字銃筒을 개발해 개인화기로 사용했습니다. 긴 자루에 50~60센티미터 길이의 소형 화포를 단 승자총통은 병사 1인이 휴대해 다니며 총통에 쇠구슬 여러 개(대인 살상용)나 대

임진왜란 당시 왜군이 사용한 신무기 조총
(출처: 국립중앙박물관)

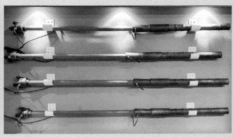

승자총통
(출처: 국립진주박물관)

형 화살(방패 파괴용)을 넣어 발사하는 무기였습니다. 오늘날 사냥용 엽총으로 사용되는 산탄총이나 대전차로켓, 무반동총 등을 연상케 합니다.

승자총통은 강력한 화력을 바탕으로 여진족 토벌이나 왜구 토벌에 상당한 위력을 보였습니다. 그러나 조총에 비해 연사 속도나 명중률이 떨어졌고, 휴대도 불편했지요. 그래서 승자총통은 개인 화기 부문에서는 조총에 밀려 점차 도태되었습니다. 그래도 승자총통 역시 임진왜란 당시 많은 활약을 했습니다. 개인 화기로는 조총에 밀릴지언정 강력한 화력을 바탕으로 근접전이나 공성전에서는 두각을 나타냈던 것입니다. 이순신 장군이 이끄는 수군에서도 승자총통을 많이 사용했고, 변이중은 승자총통 여러 개를 엮어 신무기 '화차'를 만들어내기도 했지요.

이외에도 우리 군대 역시 조총 못지않은 강력한 무기가 많았습니다. 화포와 신기전으로 대표되는 우리 민족의 화약 무기는 임진왜란 당시 크게 활약했고 신무기 조총을 앞세운 왜군을 물리치고 전쟁에서 승리한 기반이 되었습니다.

불타는 한양과 피난 가는 조정

세 번째로 찾아갈 장소는 수도권 지역입니다. 보통 충주에서 우리 군대가 패배한 후 수도권은 파죽지세로 점령당했다고 알고 있는데, 이는 절반만 맞고 절반은 틀렸습니다. 한양을 포기한 조정이 북으로 피난 가고 왜군은 손쉽게 한양을 장악했지만 한양과 경기 백성들, 우리 군대는 왜군에게 굴하지 않고 싸웠습니다. 그 결과 양주 해유령에서는 육지에서의 첫 승리를 거두었고 임진강 방어선도 적잖게 유지되며 우리 군대가 대비할 시간을 마련할 수 있었습니다.

여기에서는 한양부터 시작해 양주를 거쳐 임진강까지 거슬러 올라가 보겠습니다.

✠ 한양도성

상주와 충주에서의 패전 소식이 알려지자 한양의 조정에서는 비상이 걸렸습니다. 이일, 신립 등 믿었던 장수들마저 패했으니 왜군의 북상을 막을 수 있는 것은 사실상 없었고 충주가 뚫렸으니 왜군의 한양 입성은 코앞이었던 것입니다. 더군다나 한양도성 자체는 매우 거대하고 성벽은 길었는데 도성을 지키는 중앙군 병력의 대다수가 신립 장군과 함께 싸우다가 전멸당하는 바람에 한양을 방어하기에 턱없이 모자랐습니다.

결국 선조는 한양을 버리고 북으로 피난 가기로 했습니다.

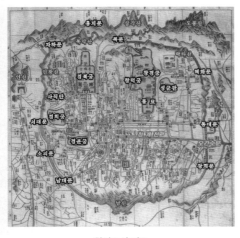

한양도성 지도

조정에서는 김명원을 도원수 (총사령관)로, 신각을 부원수로 임명해 한양을 지키게 하고 선조와 조정은 4월 30일 새벽 한양을 떠나 북으로의 피난길에 올랐습니다. 이 모습을 본 도성 백성들은 크게 분노하며 도망친 탐관오리들의 집과 관아, 노비 문서가 저장된 장례원 등을 불태우며 무책임한 임금과 무능한 관료들을 규탄했습니다.

한편 충주에서 출발한 왜군은 한양까지 별다른 저항 없이 빠른 속도로 북상해 한강에 다다랐습니다. 한양을 지키던 김명원은 왜군이 한강 남쪽에까지 당도했다는 소식을 듣자 무기와 장구류를 모두 한강에 던져 넣게 하고는 도성을 포기하고 후퇴했습니다. 결국 왜군 선발대는 별다른 방해 없이 5월 3일 한양도성에 들어왔고 나머지 왜군들도 한양으로 속속 진입했습니다.

한양을 점령한 왜군은 크게 당황했습니다. 전국시대에 자신들이 서로 싸울 때는 성주가 끝까지 싸우다가 함락이 임박하면 스스로 할복하고 백성들은 점령군에 무한 복종하는 것이 관례였는데, 조선은 정반대였습니다. 국왕 선조를 비롯한 지배층은 북쪽으로 도망치고 한양에 남은 백성들이 오히려 왜군에 복종하지 않고 저항을 이어 나갔기 때문이지요. 물론 도성 백성 중에는 왜군에 부역하는 자도 있었으나 소수에 불과했습니다. 왜군은 엄포를 놓으며 공포 분위기를 조성했습니다.

"일본에 복종하면 살려줄 것이고, 저항하면 죽이겠다."

그리고 왜군은 고니시 유키나가의 1번대 침략군을 평양 방면으로, 가토 기요마사의 2번대 침략군을 함경도 방면으로, 구로다 나가마사의 3번대 침략군을 황해도로 보내어 침략을 이어 나갔습니다.

✠ 양주 해유령전첩비

이제 한양도성을 넘어 북쪽으로 넘어가 봅시다. 경원선 철길과 3번 국도를 따라 의정부, 양주로 넘어가다가 파주 쪽으로 방향을 틀면 험난한 고갯길이 나오고 곧 기념비(해유령전첩비, 경기도 기념물 39호)와 사당 하나가 보이는데 이곳이 바로 전투가 벌어진 해유령고개입니다. 해유령 고갯길 사이로 펼쳐진 야산의 험준한 지형과 울창한 숲은 당시 우리 군대가 매복하고 급습하는 데 적합했습니다.

민물게가 파주 쪽으로 떼 지어 고개를 올라오는 모습을 보고 이름 지어졌다는 해유령고개는 임진왜란 초반 우리 군대가 육지에서의 첫 승리를 거둔 곳입니다. 한강 방어선 붕괴 후 유도대장 이양원과 함께 양주로 후퇴한 신각은 부대를 재편하고 이양원, 함경 도병마사 이혼 등과 함께 이곳에 매복하며 왜군을 기다렸습니다.

　5월 16일, 한양에서 출발해 파주로 북침하던 왜군 선발대가 양주 일대를 노략질하며 이곳을 지나갔습니다. 이때를 기다린 신각 휘하 우리 군대는 왜군을 일제히 급습했습니다. 치열한 전투 끝에 우리 군대는 왜군 70여 명을 살상하는 값진 승리를 거두었습니다. 하지만 신각이 도망쳤다고 오해한 김명원이 '신각이 명령을 듣지 않고 후퇴하는 바람에 도성 방어에 실패했다'는 장계를 선조에게 올리는 바람에 신각은 군법 위반 혐의로 억울하게 처형당했습니다. 김명원의 오해 및 책임 회피, 조정의 그릇된 판단이 해유령에서의 첫 승전을 퇴색시켜 버린 것입니다. 얼마 지나지 않아 신각의 승전보가 조정에 올라갔지만 신각의 공을 치하하러 파견한 선전관이 도착하기 전에 이미 신각은 이 세상 사람이 아니었습니다.

　신각 장군의 억울한 죽음으로 빛이 바랬지만 해유령전투의 승리는 왜군의 기세를 꺾고 희망의 불씨를 지폈다는 점에서 의의가 큽니다. 신각·이혼·이양원 세 장수의 위패를 모신 사당인 충현사에 참배하고 전첩비를 바라보며 해유령전투의 의미와 조상들의 투쟁 정신을 느껴봅니다.

✠ 임진강

해유령고개를 넘어서 비암리에서 북쪽으로 올라가 봅시다. 구불구불한 지방도로를 따라가다 보면 주변으로 비학산이 보이고 파주와 연천 일대에 우뚝 솟은 감악산이 나타납니다. 그리고 이내 드넓은 임진강이 나타납니다.

파주와 개성을 가르는 임진강은 화산 활동으로 형성된 주상절리 절벽이 있고 물살이 급하고 강폭이 넓습니다. 이 때문에 임진강은 예로부터 천혜의 방어선으로 꼽혔습니다. 삼국시대부터 임진강 유역을 경계로 덕진산성, 당포성, 호로고루, 은대리성, 아미성 등 수많은 산성과 요새가 구축되어 '고구려-백제-신라' 삼국이 각축전을 벌였고, 남북으로 갈라진 오늘날에도 비무장지대와 민통선 곳곳을 굽이치며 민족의 아픔을 적시고 있습니다.

임진왜란 때도 임진강은 중요한 방어선이었습니다. 강물이 한양에서 파주를 거쳐 개성으로 올라가는 길목을 가로질러 흐르기 때문에 이곳을 막아야 개성은 물론 평양도 안전할 수 있고, 반대로 이곳을 뚫어야 개성을 거쳐 평양까지 갈 수 있기 때문입니다. 임진강은 절벽과 넓은 강폭, 빠른 물살이라는 지형적 특성을 지니고 있어서 잘 훈련된 군사를 두어 임진강변을 철통같이 지키기만 한다면 왜군의 침략도 저지시키고 반격도 노릴 수 있었습니다.

이에 따라 5월 10일부터 임진강을 사이에 두고 강 북쪽에는 1만 3,000명의 우리 군대가 방어선을 구축하고 남쪽인 파주에서는 왜군 2만 명이 집결해 대치했습니다. 전선이 구축된 5월은 한창 장마철로, 안 그래도 물살이 빠른데 비가 온 뒤 물까지 불어나 맨몸으로는 건널 수 없었습니다. 거기다가 우리 군대는 왜군이 강을 건널 거라고 예상해 임진강에서 활동하는 배들을 모두 강 북쪽으로 옮기고 뗏목으로 엮을 수 있는 강변 숲까지 모두 벌목했기에 왜군은 섣불리 강을 건널 수 없었습니다.

그런데 임진강 방어선을 담당한 핵심 지휘부가 총체적 난국이었습니다. 일찍이 한양을 포기하고 도망쳐 온 김명원을 재신임했으며 도순찰사로 임명된 한응인도 애초에 군사 전략을 몰랐던 문관 출신인데다가 고집불통이었던 것이지요. 그런 한응인을 지휘관으로 임명한 것은 단지 서인 측에서 '김명원보다 젊은데다 복스러운 기상이 있으니 장수 노릇할 만하다'고 평가했기 때문입니다.《징비록》 이것만 보더라도 당시 조정의 인사 실태가 얼마나 한심했는지 알 수 있습니다. 더군다나 이미 도원수가 있는데 도순찰사로 한응인이 임명되어 군대 지휘권이 두 개로 쪼개지는 바람에 지휘 계통에 혼란까지 발생했습니다.

전선은 일주일 넘게 유지되며 고착되었습니다. 이 과정에서 이빈, 유극량 등이 이끄는 우리 군대가 왜군을 기습해 적잖은 전과를 거두었습니다. 하지만 별다른 전황 변화 없이 시간은 계속 흘러갔고, 전선이 장기화되자 조정에서는 한응인에게 강을 건너 왜군을 토벌하라고 재촉했습니다. 왜군 역시 북진이 임진강에 막혀 초조하기는 마찬가지였습니다. 물도 불어나고 물살도 센데 선

불리 건넜다가는 우리 군대의 저항에 피해만 막심할 게 뻔했습니다. 당시 왜군을 지휘하던 가토 기요마사는 꾀를 써서 우리 군대의 허점을 찌를 계획을 세우고는 군사들에게 주둔지를 철수하고 퇴각하는 척 연기하게 했습니다.

강 건너에서 왜군이 천막을 불태우고 철수하는 모습을 본 우리 군대는 갑론을박이 오갔습니다. 전투 경험이 전무했던 한응인은 이를 기회로 삼아 강을 건너 왜군을 토벌하자고 했고, 전투 경험이 많은 유극량과 김명원은 왜군의 매복일 수 있으니 조심해야 한다며 한응인을 만류했습니다.

여러 장수들의 만류에도 한응인은 도순찰사로의 지휘권을 내세우며 '장병들이 옹졸하여 강을 안 건넌다'면서 본보기로 몇 명을 처벌했습니다. 그리고 신할(신립의 아우), 유극량에게 임진강 방어군 대부분을 이끌고 5월 18일 새벽에 강을 건너 왜군을 칠 것을 명했습니다.

소수의 군대만 남기고 곳곳에 매복해 있던 왜군들은 강을 건너온 우리 군대를 기습해 역으로 포위했습니다. 결국 유극량, 신할 등을 비롯한 장수들은 불리한 상황에서 끝까지 맞서 싸우다가 전사했고 병사들은 임진강 절벽에서 투신했습니다.

왜군은 우리 군대가 타고 온 배까지 노획해 강을 건너오기 시작했습니다. 이 광경을 멀리서 지켜보던 박충간, 권징, 이양원 등은 휘하 군대를 이끌고 뿔뿔이 흩어져 임진강 방어선은 붕괴되고 말았습니다. 무능한 지휘부의 패착으로 전선을 붕괴시켜 버린 또 하나의 참극이었습니다.

전선의 총책임자였던 한응인과 김명원은 겨우 살아남아 선조가 있는 평양으로 돌아왔고 이들은 선조 앞에 낯을 제대로 들수가 없었습니다. 어처구니없게도 조정에서는 이번에도 두 패장에 대해 별다른 책임을 묻지 않았습니다. 어찌 보면 상황 판단 없이 무모하게 반격하라며 장수들을 닦달한 것은 선조였으니 두 패장에게 책임을 묻기에 조정도 할 말이 없었을 것입니다. 그나마 우리 군대의 투쟁으로 열흘 가까이 전선이 유지되어 조정이 후퇴하고 부대를 재편할 시간을 확보한 것이 다행일 따름이었습니다.

그렇다면 임진강전투가 벌어진 현장은 어디일까요?《수정실록》,《징비록》등 사료에는 '대탄大灘, 큰여울'이라고 기록되어있는데 대탄이라는 명칭은 임진강에서 한탄강 일대를 묶어 부르던 이름으로 어느 한 장소를 지목하기가 어렵습니다. 더군다나 임진강 주변에는 삼국시대부터 구축된 산성과 요새가 즐비해 있기에 더욱 헷갈리지요.

전투가 일어난 장소로 유력한 곳은 고랑포입니다. 고랑포는 전국 각지에서 바다를 통해 올라온 배들이 한강하구를 거쳐 임진강으로 들어와 경기도에서 강원도 내륙(연천, 철원, 이천, 평강 등)으로 물품을 나르던 포구로 임진강에서 가장 번성한 곳이었습니다. 그랬던 만큼 고랑포에는 수많은 배가 정박되어있었고 이는 1만 병력이 강을 건너 왜군을 치러 갈 때도 충분했을 겁니다. 또한 고랑포 인근에는 삼국시대에 조성된 호로고루 요새도 있어 방어선

지휘부로 삼는 데도 유리했습니다.

임진강전투 자체는 임진강 어느 한 곳에서 벌어진 것이 아니라 임진강변을 따라 전선이 구축되었으니 임진나루와 덕진산성에도 우리 군대가 배치되었을 것입니다. 《실록》이나 《징비록》, 《연려실기술》 등 사료에서도 김명원

임진강 일대 지도

(7,000명), 한응인(1,000명), 이양원(5,000명) 등이 각자 부대를 이끌고 임진강 서로 다른 지역에 방어선을 구축했다는 기록이 나옵니다.

고랑포를 전투 현장이라고 가정했을 때 한응인이 이끌던 병력의 지휘부는 호로고루 일대에 조성되었을 것이고 유극량, 신할 등이 이끄는 방어군 주력은 고랑포에서 여러 척의 배에 나누어 타고 강을 건넜을 것입니다. 그리고 강 건너편 모래톱 습지와 절벽에서 매복해 있던 왜군의 기습을 받았던 것으로 추정해볼 수 있습니다.

한편 임진강에는 임진강전투 외에도 임진왜란과 관련된 또 하나의 일화가 내려옵니다. 바로 율곡 이이와 관련된 설화입니다. 조정에서의 개혁 시도가 빛을 발하지 못하자 고향인 파주로 내려와 후학을 양성했던 이이는 임진나루 건너편에 화석정을 세우고

고랑포구에서 찍은 임진강변

때때로 임진강변을 즐기며 제자들과 시와 학문을 나누었습니다.

일찍이 외침이 있을 것을 예상하며 10만 양병설을 건의한 것으로 알려진 이이는 낙향한 뒤에도 전쟁에 대비하는 차원에서 하인에게 들기름으로 적신 걸레로 화석정 기둥과 마룻바닥을 매일 닦게 했다고 합니다. 그리고 1584년 세상을 떠날 때 이이는 전란이 일어나면 열어보라는 유언과 함께 봉투를 남겼습니다.

임진왜란이 터지자 북으로 피난을 떠난 선조와 조정 대신들은 그야말로 거지꼴이나 다름없을 정도로 비참했습니다. 호위 병력은 일찌감치 도망쳐 얼마되지 않았고, 먹을거리도 부족해 선조 일행만 끼니를 때우고 수행 인원이나 궁녀 대부분이 굶었습니다. 더군다나 비가 억수로 내려 한 치 앞도 보기 어려웠고 진흙탕이 된 길은 질척거려 속도도 매우 느렸습니다.

화석정과 임진나루

이때 피난길을 따라가던 이항복이 이이가 남긴 봉투를 열어
보았습니다.

"화석정에 불을 지르라."

이이의 유언에 따라 화석정에 불을 지르니 오랫동안 기름을
머금고 있던 화석정이 악천후에도 불길이 활활 타올랐으며 그 빛
이 임진나루를 환히 밝혔다고 합니다. 덕분에 선조 일행은 무사히
강을 건너 5월 1일 개성에 당도할 수 있었습니다. 그야말로 선견
지명이었던 것입니다.

1593년 한양으로 되돌아올 때 조정에서는 전쟁으로 희생된
장수들과 군민들의 넋을 위로하고자 임진나루에서 위령제를 지

냈습니다. 위령제를 지내는 동안 지난날 악천후 속에서 강을 건넜던 것을 떠올린 선조는 통곡했습니다.

"과인이 하늘의 도움을 받아 이 나루로 다시 돌아왔도다."

그 통곡 속에는 이이의 선견지명으로 살아남았다는 안도감도 있었겠지만 도성과 백성을 버리고 도망쳤던 것에 대한 최소한의 양심과 회한이 있었는지도 모릅니다. 이 일화로 인해 '신지강神智江'이라고 불리던 강은 '나루에 다시 돌아왔다'는 뜻인 '임진강'으로 바뀌어 오늘날까지 전해지고 있습니다.

안타까운 죽음을 맞이한 명장

신각

해유령전투의 주역인 신각 장군은 임진왜란 때 부원수에 임명되어 도원수 김명원과 한양 방어를 맡았으나 한강 방어선이 무너지면서 유도대장 이양원과 양주 방면으로 후퇴했습니다. 그 후 양주에서 대열을 정비한 그는 이양원, 이혼 등과 함께 해유령에 매복한 뒤 파주로 북진하던 왜군 선발대를 격파하며 육지에서의 첫 승리를 거둡니다. 그러나 김명원과의 연락 두절과 오해 그리고 조정의 미숙한 대처로 승전보가 닿기도 전에 적전 도주 혐의로 억울하게 처형당했습니다. 당시 신각의 억울한 죽음에 많은 이가 안타까워했습니다. 늙은 홀어머니를 홀로 모시던 상황이었으니 그의 죽음은 더욱 비극으로 다가왔지요.

그래도 신각 장군이 생전에 남긴 행적과 육지에서의 첫 승리는 헛되지 않았습니다. 연안부사 시절 조헌의 건의에 따라 연안성을 구축하고 전쟁 대비를 해놓은 것은 이정암 의병장의 연안성전투 승리의 밑바탕이 되었거든요. 신각 장군의 일생에서 육체적 생명은 유한해도 한 사람이 남긴 족적과 정신은 죽지 않고 영원히 함께해 후대까지 미친다는 것을 실감합니다.

75

유극량

임진강 방어전 당시 활약한 유극량은 노비 출신입니다. 어려서부터 무예가 뛰어나 무과에 응시하고자 했으나 노비라는 신분 탓에 그 뜻을 이룰 수 없었습니다. 이를 안타깝게 여긴 주인 홍섬이 그의 어머니를 노비 신분에서 풀어주어 평민이 되었고 유극량은 무과에 합격해 무장의 길을 걸었습니다.

풍부한 경험을 쌓은 유극량은 백전노장이 되었습니다. 이순신 장군이 임명되기 직전에 전라좌수사를 역임하기도 했지요. 그러나 노비 출신이라는 한계 때문에 휘하 장병들이 무시하는 경우가 많아 어려움을 겪었고 결국 좌천되고 말았습니다. 임진왜란 때는 조방장에 임명되어 죽령을 지키는 임무를 맡았습니다.

신립 장군이 탄금대에서 패하자 유극량은 샛길을 통해 후퇴해 임진강 방어선에 합류했습니다. 임진강전투 때는 별장을 맡아 전투를 펼쳤는데 한응인이 무리하게 강을 건너 작전을 벌이려 하자 김명원과 함께 강하게 만류했습니다. 하지만 이는 받아들여지지 않았고 유극량은 안타까워하면서도 솔선수범해 강을 건넜습니다. 결국 군대는 궤멸당했지요. 불리한 상황에서도 유극량은 필사적으로 항전하다가 전사했습니다. 애석하게도 시신은 수습하지 못했고 사후에 개성 충렬사에 위패를 모셨다고 합니다.

유극량의 일화는 임진왜란 당시 민족의 자주권을 지키기 위해 가장 낮은 이들도 하나가 되어 싸운 사실을 보여줍니다. 당시 신분제의 한계로 훌륭한 장수가 무능한 지배층에 의해 제대로 대접받지 못하고 차별당했던 씁쓸한 모습도 볼 수 있습니다.

2부

조선에는
이순신이 있었다

바다에서 울린 승전보

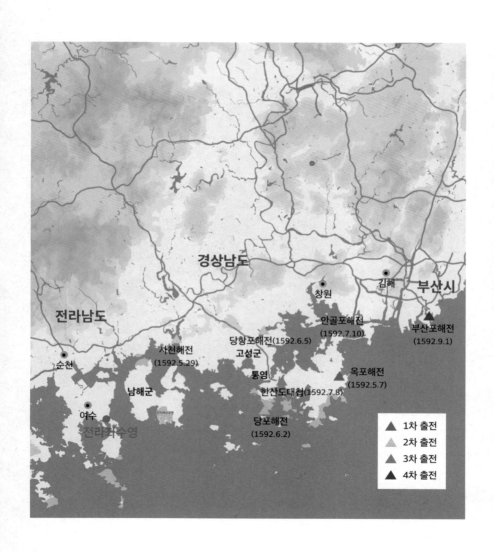

육지에서는 수도 한양이 함락당하고 나라의 운명이 풍전등화의 위기에 몰렸으나 바다에서는 전혀 달랐습니다. 잘 알려진 대로 이순신 장군이 이끄는 수군은 임진왜란 초반에 총 네 차례에 걸쳐 원정을 나가 남해안 곳곳에서 왜군 함대를 무찔렀습니다. 옥포해전, 당포해전, 한산도대첩과 같은 승리가 있었기에 우리 바다를 지킬 수 있었고 나아가 육지에서의 전황도 뒤바꿔놓을 수 있었습니다.

✠ 우리 수군의 활약

먼저 임진왜란 초반 우리 수군의 활약상을 살펴봅시다. 전쟁 초반 왜군은 경상좌수영 박홍 및 경상우수영 원균의 수군이 전투를 포기하고 도망쳐 버려 손쉽게 승리를 거두었습니다. 그래서 왜군은 우리 수군 전반을 과소평가하고 와키자카 야스하루나 구키 요시다카 같은 수군 장수들은 육지에서 육군을 도와 전투에 임했습니다. 하지만 이들은 이순신 장군의 지휘 아래 잘 정비된 전라좌수영 함대가 출전 명령을 기다리며 복수의 칼날을 갈고 있던 것을 몰랐습니다.

개전 초기인 4월 15일, 전라좌수영은 왜군의 침공과 부산 점령 소식을 접했습니다. 전쟁 초반에 우수영을 포기하고 도망쳤던 원균이 옥포만호 이운룡을 통해 전라좌수영에 도움을 요청해온 것입니다. 이에 이순신 장군은 4월 말 휘하 장군들과 군사 회의를 열었습니다. 회의에서는 대응 방안을 두고 갑론을박이 오갔고 마침내 경상우수영을 지원하는 데 만장일치로 결의했습니다.

이순신 장군은 당초 전라우수사 이억기 장군의 함대와 함께 출발하고자 했습니다. 그러나 왜군 주력이 한양으로 접근하고 있다는 소식을 전해 듣고는 5월 4일 새벽 2시 판옥선 24척, 협선 15척, 어선 46척으로 구성된 함대를 단독으로 이끌고 경상도 바다로 출항했습니다. 이것이 바로 이순신 장군의 첫 출정입니다. 9월 6일 오전 9시경, 원균이 탄 판옥선 1척이 합류했고 이내 경상우수영 소속 판옥선 3척과 협선 2척이 추가로 합류하면서 전라좌수영 수군은 90여 척으로 늘었습니다.

�֍ 거제 옥포

5월 7일 새벽, 부산 가덕도로 향하던 우리 함대는 정오에 거제도 옥포에서 50여 척의 왜선을 발견했다는 정찰선의 보고를 받았습니다. 당시 도도 다카도라 휘하의 왜군은 거제도에 상륙해 민가를 약탈하고 방화하며 우리 백성들을 학살하는 만행을 벌이고 있었습니다. 그들은 조선 수군을 발견하자 황급히 배에 올라탔고 이 중 6척은 도망치려 했습니다.

"망령되이 움직이지 말라! 산처럼 무겁게 침착하라!"

　전투에 앞서 이순신 장군은 함대에 명령을 내리며 옥포 앞바다로 진격했습니다. 옥포 앞바다에 도착한 우리 수군은 왜군에 대한 불타는 적개심을 안고 동서 양쪽에서 공격을 시작했습니다. 이렇게 임진왜란에서의 첫 해전인 옥포해전이 벌어졌습니다. 이순신 장군이 이끄는 수군은 강력한 함포로 왜군 함대를 포격했으며 튼튼한 내구력을 앞세운 판옥선으로 상대적으로 취약한 일본 함선을 들이받아 깨뜨리기도 했습니다. 옥포해전에서 우리 수군은 왜군 함선 26척을 격침하는 전과를 거두며 크게 승리했습니다.

　바다에서의 첫 승리는 곧 승리에 대한 희망을 안겨주었습니다. 일각에서는 양주 해유령전투가 임진왜란 때 우리 민족의 첫 승리라고 주장하지만 해유령전투는 5월 16일에 벌어졌으니 5월 7일에 벌어진 옥포해전이야말로 우리 민족의 진정한 첫 승리입니다. 단지 지방이어서 장계가 늦게 올라가 해유령전투보다 늦게 조정에 보고되었을 뿐입니다.

　조정에서는 옥포에서의 첫 승전보에 기뻐하며 이순신 장군의 품계를 가선(2품)으로 올려주었습니다. 이순신 장군은 이어서 합포, 적진포에서도 왜군을 격파했고, 5월 9일 전라좌수영으로 귀환했습니다. 첫 출정에서 이순신 장군이 이끈 수군은 총 44척의 왜선 격파와 쌀 300여 석 및 각종 군수품을 노획하는 성과를 거두었습니다.

승리를 거두고 돌아온 전라좌수영 함대가 새로운 전투를 준비하며 정비하는 동안 왜군들이 전라좌수영을 공격하려 한다는 첩보가 들어왔습니다. 이에 이순신 장군은 이억기 장군에게 6월 3일까지 전라좌수영으로 와서 함께 왜군을 칠 것을 제의했습니다. 그런데 5월 27일 원균에게서 전보가 왔습니다.

"왜선 10여 척이 이미 사천, 곤양 등지까지 들어온 관계로 경상우수영 함대는 노량까지 옮겨왔다."

✖ 사천

이순신 장군은 6월 3일까지 기다리면 백성들의 피해도 커지고 왜군의 세력도 강해질 것이라고 판단해 출진 날짜를 앞당기기로 했습니다. 이순신 장군은 이억기 장군에게 다시 연락을 보낸 뒤 5월 29일 거북선과 판옥선으로 구성된 전선 23척을 이끌고 출전했습니다. 이것이 우리 수군의 두 번째 출정입니다. 노량 앞바다에서 원균은 3척의 경상우수영 함대를 이끌고 이순신 함대에 합류했습니다. 동쪽으로 진격하던 중 우리 함대는 1척의 왜군 정찰선을 침몰시켰고 이내 사천에 다다르니 왜선 12척이 정박한 채 400여 명의 병력이 육지에 진을 치고 있었습니다.

당시 사천 앞바다는 썰물로 수심이 얕아진 상황이었습니다.

일본에서 묘사한 이순신 장군과 사천해전

섣불리 배를 들이댔다가는 함선이 좌초될 수 있었고 왜군도 육지로 도망칠 가능성이 컸습니다. 이순신 장군은 함대를 뒤로 물리면서 왜군을 유인했습니다. 후퇴하는 우리 함대를 보자 사천포에 정박해 있던 왜군 함대는 우리 수군을 추격하기 시작했습니다. 때마침 물살이 밀물로 바뀌면서 배를 운영하기 좋은 조건이었지요. 이때를 기다린 이순신 장군은 공격 명령을 내렸습니다.

사천해전에서는 처음으로 출전한 거북선이 선두에 나섰습니다. 돌격장 이언량이 지휘하는 거북선은 왜군 함대에 난입해 함포를 발사하며 적진을 뒤흔들었습니다. 이내 판옥선들도 학익진鶴翼

陣(학이 날개를 펼친 듯 치는 진으로 적을 둘러싸기에 편리한 진형)을 펼쳐 왜군 함대를 포위해 일제히 공격했습니다. 사천해전에서 조선은 왜선 10여 척을 격침하는 승리를 거두었고 남은 2척은 패잔병이 도망칠 때 유인해 소탕하고자 일부러 남겨두었습니다. 사천해전에서 왼쪽 어깨에 총탄을 맞은 이순신 장군은 후유증으로 적잖은 고통을 겪었지만 태연하게 전투를 지휘했습니다.

✖ 당포

6월 2일, 조선 함대는 당포에 정박해 노략질하던 구루지마 미치유키, 가메이 고레노리 휘하 왜선 21척을 발견하고 공격에 나섰습니다. 당포해전에서도 거북선의 활약이 돋보였습니다. 거북선은 왜군의 기함을 들이받고 천자총통, 지자총통, 현자총통 등의 함포를 발사해 격파했습니다. 사도첨사 김완과 군관 진무성은 왜장 구루지마 미치유키의 목을 베는 공을 세웠습니다.

지휘관을 잃은 왜군은 도망치기 바빴고 가메이 고레노리 역시 일본으로 도망쳤습니다. 당포해전에서 우리 수군은 왜선 21척을 모조리 격침했으며, 왜장 구루지마 미치유키를 처단하고 가메이의 금부채*를 노획하는 전과를 세웠습니다.

사천 앞바다와 당포에서 연이어 승리한 조선은 6월 3일 저녁 이억기 장군이 이끄는 전라우수영 함대와 합류해 총 51척의 대함대가 되었습니다. 이때 우리 수군의 승리에 고무된 남해안 백성들은 총탄, 화살 등의 군수 물자와 군량미를 지원하는 한편 자체적으로 왜군을 정탐해 함대에 보고했습니다.

✠ 당항포

사기가 충만해진 우리 함대는 6월 5일 당항포에 정박해 있던 왜군 함대를 공격했습니다. 조선 함대를 발견한 왜군은 조총을 쏘며 응전해왔습니다. 이순신 장군은 왜군의 함대를 소소강 하구로 유인한 뒤 몰아붙여 섬멸할 계획을 세웠습니다. 거북선을 앞세워 적진에 난입시켜 휘젓는 한편 당항포 입구에 포위진을 치고 왜군 함대를 일제히 공격하게 했지요.

한참 동안 공격 태세였던 우리 함대는 포위진을 풀고 짐짓 후퇴했습니다. 그러자 왜군은 퇴각하는 것으로 오인하고 기함과 전선 4척을 출동시켜 우리 함대를 추격했습니다. 왜군이 소소강

✠ 도요토미 히데요시가 하사한 것입니다.

하구까지 다다르자 우리 수군은 뱃머리를 돌려 다시 공격하기 시작했습니다. 왜군은 계략에 속았다는 것을 깨달았으나 소소강은 내륙으로 들어가고 바다로 이어지지 않았기에 그야말로 독 안에 든 쥐나 다름없었습니다. 거북선이 왜군 기함을 들이받고는 함교에 함포를 쏘아 왜장을 처단했고 나머지 4척 역시 격침했습니다.

당항포해전에서 우리 수군은 왜선 25척을 격파했고 왜군의 지휘부 역시 궤멸시키는 전과를 올렸습니다. 이전처럼 육지로 도망쳤던 왜군이 남은 1척의 배에 올라타자 우리 수군은 그 배를 넓은 바다로 끌고 가 모조리 섬멸했습니다. 6월 7일에는 거제도 율포에서 부산 방향으로 도망치는 왜군 함대를 추격해 7척을 격파하고 왜군을 모조리 무찌른 후 6월 10일 전라좌수영으로 귀환했습니다.

이순신 장군이 이끄는 수군에게 왜군 함대가 격파당했다는 소식은 일본 각지에 전해졌고 예상치 못한 조선 수군의 선전과 작전 실패에 도요토미 히데요시는 크게 당황했습니다. 그는 수륙병진작전이 파탄되는 상황을 타개하고자 6월 하순 일본에서 이름난 수군 장수 와키자카 야스하루, 구키 요시다카, 가토 요시아키에 우리 수군 격파 명령을 내렸습니다. 도요토미 히데요시의 명령을 받은 왜장들은 부산포에서 조선 함대 격파를 위한 준비에 박차를 가했으나 7월 8일 와키자카 야스하루는 동료 장수들과 상의 없이 단독으로 73척의 함대를 이끌고 김해에서 출발했습니다.

✠ 한산도

한편 정탐을 보고받은 이순신 장군은 왜군을 공격하기 위해 7월 6일 판옥선 24척과 거북선 2척을 이끌고 3차 출정에 나섰습니다. 이어서 전라좌수영 함대는 노량에서 이억기 장군이 이끄는 전라우수영 함대 25척과 원균이 이끄는 경상우수영 함대 7척과 합류했습니다. 7월 8일, 58척의 조선 함대는 와키자카 야스하루의 함대가 정박한 견내량으로 진격했습니다. 견내량은 해협 폭이 500미터 남짓으로 좁고 수심이 얕은 데다가 암초가 많아 대규모 함대를 운영하기에는 부적합했기에 이순신 장군은 왜군을 넓은 바다로 유인해 포위한 후 섬멸할 계획을 세웠습니다. 역사상 유례없는 해전인 한산도대첩의 막이 열리는 순간이었습니다.

이순신 장군은 먼저 5~6척의 판옥선으로 구성된 함대를 보내 왜군을 유인했습니다. 계획대로 와키자카 야스하루의 함대는 유인책에 걸려들어 우리 함대를 추격해 오기 시작했습니다. 이미 육지에서 1,500명의 병사로 수만 명의 조선 군대를 무찌른 경험이 있던 터라 조선 수군 또한 얕봤던 것이지요. 이윽고 왜군이 한산도 앞바다에 들어서자 미리 학익진을 펼치고 있던 조선 함대는 왜군 함대를 포위해 일제히 공격에 나섰습니다. 거북선은 함포를 발사하며 적진을 이리저리 휘저어놓았고 판옥선들은 일제히 함포와 불화살을 발사해 왜군 함대를 불태우고 격파했습니다.

전투 결과 조선은 59척의 왜선을 격파하고 1만 명 이상의 왜

한산도대첩 기록화

군을 살상하는 유례없는 대승을 거두었습니다. 조선 수군을 얕봤다가 믿을 수 없는 패배를 당한 와키자카 야스하루는 간신히 한산도 근처 무인도로 피신해 여러 날 동안 미역과 조개를 캐 먹다가 가까스로 도망쳤습니다. 오늘날 와키자카 야스하루의 후손들은 매년 7월 8일이 되면 그때의 패전을 기념하며 미역만 먹는다고 합니다.

✖ 안골포

이어서 조선 함대는 7월 10일 안골포에 정박해 있던 왜군을 공격했습니다. 당시 구키 요시다카와 가토 요시아키가 이끄는 왜

안골포해전에서 거북선의 공격을 받는 니혼마루

군 함대는 와키자카 야스하루의 패전 소식을 듣고는 공포에 질려 안골포에 숨어든 상황이었습니다. 안골포 역시 수심이 얕고 썰물 때면 갯벌이 드러나는 지형으로 사천해전 때처럼 큰 배를 운영하기는 어려웠습니다. 그래서 이순신 장군은 이번에도 유인책으로 왜군을 넓은 바다로 몰고 와 포위한 후 섬멸하는 전략을 세웠습니다.

하지만 왜군은 '유인-포위-섬멸'이라는 전략에 여러 번 당하기도 했었고, 와키자카 야스하루 또한 같은 방식으로 당했던 터라 우리 수군의 여러 차례 유인 전술에 응하지 않고 기함인 니혼마루를 방패 삼아 안골포에 틀어박혔습니다.

그러자 이순신 장군은 전술을 바꿔 함대를 여러 편대로 나눈 뒤 번갈아 안골포를 오가며 왜군을 치도록 했습니다. 소규모로 구성된 조선 함대는 이순신 장군의 지휘 아래 여러 차례에 걸쳐 안골포 입구를 오가며 함포로 왜군을 타격했습니다. 이에 포구에 정박해 있던 왜군도 조총을 쏘며 대응했습니다. 하지만 조선 함대의 우월한 화력과 사정거리에는 속수무책이었습니다. 결국 안골포해전에서도 조선은 왜선 42척을 격파하고 250여 명의 왜군 수급을 얻는 대승을 거두며 3차 출전을 성공적으로 마무리했습니다.

✠ 부산포

8월 24일 이순신 장군은 이억기 장군과 함께 판옥선 및 거북선 74척, 협선 93척으로 구성된 함대를 이끌고 4차 출정에 나섰으며, 8월 25일에는 경상우수영 수군도 합류했습니다. 9월 1일에는 470여 척의 왜선이 정박해 있는 부산포를 공격했습니다. 우리 수군은 선봉으로 나온 왜선 4척을 격파하고 장사진을 쳐서 왜군 함대를 공격했습니다. 온종일 벌어진 부산포해전에서 조선은 128척의 왜선을 격파시키는 대승을 거두었습니다.

✖ 반격의 서막을 알린 해전

우리 수군의 대승리는 전황에 결정적인 영향을 미쳤습니다. 왜군의 주력 함대까지 격파하고 그들의 본거지였던 부산포까지 공격하면서 남해안의 제해권을 완전히 장악했으며 왜군을 부산포에 고립시켜버렸기 때문입니다. 조선 수군의 제해권 장악은 왜군에 있어서 수륙병진작전이 완전히 파탄났다는 것을 의미했습니다. 반면 우리 군대는 전라도와 황해도의 곡창 지대에서 거둔 쌀과 군량미를 안전하게 서북 지역까지 뱃길을 통해 운송할 수 있게 되었지요. 이를 통해 조선은 전쟁 초반의 패전을 극복하고 반격을 준비할 수 있었습니다.

결국 이순신 장군과 우리 수군이 거둔 바다에서의 승리는 우리 민족이 반격의 서막을 열고 왜군의 작전을 파탄시키는 중요한 계기가 되었습니다.

임진왜란 때 사용된 무기들

수군의 주력 전함, 판옥선

조선시대에 우리 수군은 독자적인 편제와 작전 능력을 갖추고 있었고 어떤 적과도 맞서 싸워 이길 수 있는 강력한 병력이었습니다. 삼포왜란과 을묘왜변을 겪은 뒤에는 왜구 침입에 효과적으로 대응하기 위해 기존의 맹선을 대체할 판옥선을 건조해 여러 수영에 배치해 놓고 있었습니다.

우리 수군의 주력 전함인 판옥선은 세 개의 층으로 선체가 구성되었으며 갑판에 전투를 지휘할 수 있는 함교인 판옥을 올린 형태였습니다. 함선의 둘레에는 총구를 설치해 동시에 여러 발의 함포를 쏠 수 있고 배 둘레에는 두꺼운 방패를 세워 화살이나 총알을 효과적으로 막을 수 있습니다. 그리고 배의 2층에서는 격군(노를 젓는 사람)들이 안전하게 노를 저을 수 있었고 3층에서는 병사들이 무리 없이 전투를 벌일 수 있었습니다. 선체의 크기 역시 기존의 대맹선보다 더욱 컸으며 125~310명이 탑승할 정도였습니다. 가히 바다에 떠다니는 하나의 요새나 다름없었지요.

우리 군함은 소나무와 참나무를 통째로 짜고 쐐기를 박아 건조했기에 함포 사격 시 반동을 잘 견뎠습니다. 또한 밑바닥이 평평한 평저선 형태라서 암

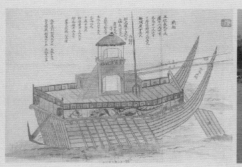

조선의 주력 군함 판옥선

초나 갯벌에 쉽게 좌초되지 않고 매우 안정적이었습니다. 이렇게 판옥선은 크기와 내구력에서 일본 군함을 압도했기에 임진왜란 당시 수적 열세에도 용감히 맞서 싸워 승리할 수 있었던 것입니다.

조선의 화포, 승자총통

임진왜란 당시 우리 수군이 활약할 수 있었던 원동력 중 하나를 꼽는다면 화포 기술을 들 수 있습니다. 고려 말에 최무선이 화약의 국산화에 성공하고 각종 화포를 개발했으며, 조선 초기에는 최무선의 아들인 최해산이 아버지의 화포를 개량해 우리 민족의 화포 기술은 세계적 수준에 이르렀습니다. 이는 임진왜란 때도 왜군을 무찌르고 나라의 자주권을 지켜내는 밑바탕이 되었지요.

임진왜란 당시 우리 민족이 사용했던 화포 중 대표적인 것이 바로 총통입니다. 청동을 주재료로 제작되었던 총통은 구경과 길이를 기준으로 크게 천지현황天地玄黃 네 개로 분류했습니다. 가장 큰 구경과 길이를 지녔던 천자총통은 길이 약 1.3미터, 구경 128밀리미터에 사거리는 1,200보(약 1.44킬로미터)였고 그 뒤로 지자총통, 현자총통, 황자총통이 있었습니다.

다만 가장 컸던 천자총통은 생각보다 많이 쓰이지 않았는데 성능에 비해 화약을 많이 소모했기 때문입니다. 화약값이 비쌌던 터라 많은 화약 소모량은 적잖은 부담이었고, 오히려 아래 등급의 총통이 사거리가 더 잘 나왔습니다. 이런 이유로 실제로 우리 민족이 주력으로 사용했던 총통은 중소형 화포인 지자총통과 현자총통이었습니다.

전투 양상에 따라 총통에 다양한 발사체를 사용했습니다. 대병력을 상대할 때는 새알 크기의 탄알인 조란환을 수백 개씩 넣고 발사했습니다. 이는 오늘날 총알이 널리 퍼지는 산탄총의 원리와 비슷합니다. 공성 시에는 철로 된 탄알이나 납으로 된 탄알, 돌을 깎아 만든 탄알을 사용해 화약이 터지면서 성벽이나 성문을 깨뜨렸습니다.

임진왜란 때 사용된 총통의 종류

총통	제원	발사체	사거리
천자총통	길이 1.3m 구경 128mm	대장군전, 조란환 400개	1,200보 (1.44km)
지자총통	길이 89.5cm 구경 105mm	장군전, 조란환 200개	800보 (0.96km)
현자총통	길이 75.8cm 구경 65mm	차대전, 조란환 100개	800~1,500보 (0.96~1.8km)
황자총통	길이 50.4cm 구경 40mm	피령차중전, 조란환 40개	1,100보 (1.32km)

출처 : 국사편찬위원회 우리역사넷

대장군전

승자총통 이외에도 통나무나 철제 기둥 앞에 철심을 박고 양옆에 날개를 단 대형 화살인 장군전을 사용해 왜군 함대나 공성병기를 격파했습니다. 이 중 대표적인 것이 바로 천자총통에 넣어 발사하는 대장군전입니다. 마치 미사일을 연상케 하는 이 무기는 압도적인 위력으로 왜군 함대를 박살냈으며 왜군에겐 그야말로 공포의 대상이었습니다. 실제로 해군사관학교에서 복원해 발사한 결과 400미터 거리에서 화강석을 80센티미터나 뚫고 들어가는 위력을 보여주었습니다.

대장군전 유물 중 가장 유명한 것은 임진왜란 당시 우리 수군에게 패했던

진주성에 재현된 대장군전 모형과 구키 요시다카가 전투 중에 챙긴 대장군전 실물
(출처: 일본 사가현 나고야성 박물관)

구키 요시다카가 챙겨간 대장군전입니다. 안골포해전 당시 우리 함대의 맹공에 왜군은 속수무책으로 당했고, 왜군이 자랑하던 함대인 니혼마루도 크게 파손되었습니다. 니혼마루를 방패 삼아 겨우 목숨을 건진 구키 요시다카는 니혼마루로 날아와 관통한 대장군전을 챙겨 일본으로 돌아갔고, 도요토미 히데요시에게 자신의 패배 원인을 설명하는 증거로 사용했다고 합니다.

이 대장군전은 구키 요시다카 가문의 가보로 현대까지도 잘 보존되고 있으며 2017년 잠시 고국으로 돌아와 국립진주박물관에 전시되어 화제가 되었습니다.

이순신 장군과
우리 수군의 행적을 찾아

✖ 전라남도 고흥군 발포

　먼저 찾아갈 곳은 임진왜란 이전 이순신 장군이 처음 수군과 인연을 맺은 고흥 발포입니다. 고흥반도 남쪽 도화면에 있는 작은 어촌 마을인 발포는 포구의 생김새가 스님들의 공양 그릇인 바리때(발우)처럼 생겼다고 하여 이름이 지어졌습니다. 북쪽에는 수덕산이 있고 포구 양옆으로 곶이 포구를 둥글게 에워싸고 있어 외부 침입을 막기 쉽습니다. 포구 근처에는 외나로도, 오동도, 새우섬, 곰섬 등 크고 작은 섬이 있어서 포구가 잘 드러나지 않습니다. 수군 기지로 삼기에 적합한 지형이지요.

　발포의 중요성은 조선 초기부터 알려져서 1439년(세종 21년)에 수군 만호진으로 선정되었고, 1490년(성종 21년)에는 발포진을 방어하는 발포 만호진성이 축조되었습니다. 조선 초기 발포에는 대맹선 1척, 중맹선 3척, 소맹선 3척 등이 편제되었고 주력 군함이 판옥선으로 바뀐 명종 대 이후로는 판옥선 1척, 방패선 1척, 협선 2척이 편제되었습니다. 크기는 작아도 전라좌수영에서 차지하는 전략적 위치가 상당했다고 볼 수 있습니다.

　발포는 이순신 장군이 전라좌수사에 부임하기 전인 1580년에 전라좌수영 휘하 발포만호로 지내며 수군 생활을 한 곳입니다. 북방에서 여진족과의 육지전 경험은 풍부했으나 해전 경험이 전무했던 이순신 장군에게 18개월 간의 발포만호 시절은 중요합니다. 발포만호로 지내며 당시 우리 수군의 실태, 포구에 사는 백성

발포 전경

발포 만호진성

들과의 인연, 고흥(당시 흥양현)의 지형과 수군 기지 배치 현황, 왜구와의 싸움에서의 수군의 중요성 등을 깨달았고, 그 경험이 토대가 되어 전라좌수사 부임했을 때 적극적으로 수군을 강화할 수 있었기 때문입니다.

발포에는 이순신 장군과 관련된 일화가 하나 있습니다. 발포만호 직무를 수행하던 어느 날, 한 무리의 사람들이 몰려와 객사 뜰에 있는 오동나무를 베겠다고 했습니다.

"무엇에 쓰고자 오동나무를 베려 하느냐?"

이순신 장군의 물음에 일꾼들이 대답했습니다.

"전라좌수사의 거문고를 만들려고 합니다."

이순신 장군은 단호히 말하며 일꾼들을 돌려보냈습니다.

"객사 뜰에 있는 오동나무는 나라의 물건이고, 또 여러 해 길러온 것인데 누구 맘대로 나무를 베고자 하느냐. 사사로운 목적으로는 절대 내줄 수 없다."

이 소식을 들은 전라좌수사는 이를 괘씸히 여겼으나 오동나무를 베는 데는 실패했습니다. 이때의 일로 앙심을 품은 전라좌수사에 의해 비록 이순신 장군은 18개월 만에 발포만호 자리에서 물러나 북방으로 돌아가게 되었지만 훗날 전라좌수사에 임명되었으니 전화위복이라 할 것입니다. 권력에 타협하지 않았던 이순신 장군의 강직한 성격을 보여주는 일화입니다.

오늘날 발포에는 이순신 장군의 위패를 모신 충무사와 '이충무공 계시던 곳'을 기념한 비석, 오동나무 일화를 기념한 '이순신

발포에 있는 이순신 청렴비

청렴광장'이 조성되어있습니다. 이외에도 포구 부두 한 켠에 조선 시대 발포의 중요성과 이순신 장군의 부임 시절, 고흥 출신 수군 장수들을 소개한 전시관이 있고, 조선시대 당시 배를 건조하던 선소(조선소 터)도 남아있습니다. 이외에도 전시관 인근 절벽에는 임진왜란 시절 남편을 전라좌수영 수군으로 보낸 여인이 남편이 전사했다는 소식을 듣자 자식들과 함께 투신했다는 '송씨부인 충절비'도 있습니다.

현재 발포에 조성된 임진왜란 관련 기념물은 대개 이순신 장군과 오동나무 일화에 집중되어있고, 정작 임진왜란 당시 발포의 전략적 중요성과 발포 사람들의 투쟁에 대해서는 제대로 소개되어있지 않습니다. 이순신 장군의 청렴함과 강직함을 소개하는 것도 좋지만 발포의 중요성과 발포 사람들의 투쟁 또한 자세히 소개되기를 바랍니다.

✠ 전라남도 여수시

고흥에서 구불구불한 해안도로를 따라 동쪽으로 이동해 봅시다. 창밖에 펼쳐진 남해의 아름다운 풍경을 구경하며 1시간 정도를 달리다 보면 윗동네 순천과 옆 동네 광양과 더불어 전라남도 동부의 핵심 도시인 여수에 도착합니다. 여수는 조선시대에 전라좌수영이 있었던 곳입니다. 그래서인지 여수에는 전라좌수영과 이순신 장군 관련 유적지가 많습니다. 당시 전라좌수영은 5개의 관關(순천, 흥양, 광양 · 낙안, 보성)과 5개의 포구(사도진, 여도진, 녹도진, 발포진, 방답진)를 관할하고 있었습니다.

임진왜란 직전 이순신 장군은 전라좌수사에 부임해 수군을 강화해나갔습니다. 그는 녹슬거나 썩어버린 무기와 군함은 잘 정비하고 보수하는 한편 주력 군함인 판옥선과 거북선을 건조하고 군사 훈련을 활발히 벌여 장병들의 전투력을 높였습니다. 또한 전라좌수영이 있는 여수 앞바다에 쇠사슬을 설치해 왜군 함대가 진입하는 것을 막았고, 전라좌수영 휘하 고을에 둔전을 경영해 군량미는 물론 백성들의 식량도 확보했지요.

　이순신 장군의 적극적인 전쟁 대비에 전라좌수영 장병들뿐 아니라 백성들도 동참했고, 여수 인근에 있는 홍국사의 스님들도 승병부대를 조직해 전라좌수영 수군 강화에 참여했습니다. 이렇게 전쟁 대비를 완벽히 했기에 조선 수군은 전쟁 직전 불리한 상황을 극복하고 강력한 수군으로 거듭날 수 있었습니다.

　먼저 전라좌수영 관아가 위치했던 진남관(국보 제 304호)을 둘러봅시다. 진남관은 전라좌수영의 객사* 건물로 임진왜란 이전 에는 전라좌수영 본영인 진해루가 있었으나 전쟁을 거치며 불타 버렸고 전쟁 후(1599년)에 통제사 이시언이 그 자리에 새롭게 세 운 건물입니다. 단층 건물이지만 정면 15칸, 측면 5칸에 연면적 240평으로 거대한 규모에 처음 보는 사람은 놀라기도 합니다. 지 금은 아쉽게도 해체 보수 공사가 진행 중이어서 모형이나 사진으 로밖에 느낄 수 없습니다. 그래도 진남관 지하에 전라좌수영과 관 련된 유물을 소개한 전시관이 있어서 임진왜란 당시 전라좌수영 의 전쟁 대비와 전투 전개 과정 등을 생생히 느낄 수 있습니다.

　진남관을 나와 동쪽으로 이동하면 이순신 장군이 군사 훈련

✚　객사는 조선시대 관아 건물에서 중심을 차지하는 건물입니다. 중앙에는 임금을 상징하는 전패(殿牌)나 궐패(闕牌)를 모시고 매달 초하루와 보름에 지방관이 임금이 계신 도성을 향해 인 사를 올리는 '망궐례'를 치루는 사당을 화려하게 꾸렸으며, 양옆으로는 해당 지방을 방문한 관 리나 사신이 머무르는 숙소를 두었습니다. 현재 여수 진남관, 통영 세병관, 나주 금성관, 전주 풍패지관 등이 남아있어 조선시대 건축 양식을 잘 보여주는 귀중한 문화유산으로 보존되고 있 습니다.

보수 공사 전 진남관의 모습

을 지휘했던 고소대가 있습니다. 현재 그 자리에는 전라좌수영 장
병들이 이순신 장군을 추모하고자 세운 비석인 타루비와 이순신
장군의 승리를 기념한 좌수영대첩비가 있습니다. 고소대 아래에
는 여수 앞바다가 시원하게 펼쳐져 있으며 건너편 언덕에서 진남
관을 관람할 수 있지요. 고소대에 올라 여수 앞바다를 내려다보며
군사 훈련을 지휘했을 이순신 장군의 모습을 상상해 보았습니다.
또 장병들이 세운 타루비를 보면서 임진왜란 이후에도 장병들과
백성들이 이순신 장군을 얼마나 존경했는지도 생각해 보았습니다.
　　진남관과 고소대에서 포구 쪽으로 내려오면 광장 한복판에

고소대

여수 선소 유적

이순신 장군의 동상이 있고, 포구 한쪽에는 거북선 모형이 서 있습니다. 광장에는 이순신 장군의 일생과 업적, 이순신 장군과 함께 싸운 이들을 소개한 전시물도 있습니다.

옛 여천 포구 쪽으로 가면 임진왜란 당시 판옥선, 거북선 등 군함을 건조하던 순천부 선소 유적이 있고 좀 더 아래쪽으로 가면 이순신 장군이 어머니를 모셔 와 틈틈이 문안 인사를 드리던 생가를 재현한 이충무공 자당공원도 있습니다. 여수에서 돌산도 쪽으로 거북선대교를 타고 45분 정도를 내려가면 실제 거북선이 건조되고 정박했던 방답진도 볼 수 있습니다. 그야말로 여수 전체가 하나의 거대한 수군 기지였던 거지요.

✠ 경상남도 사천시, 고성군

여수에서 순천 쪽으로 올라온 뒤 남해고속도로를 따라 동쪽으로 이동해 봅시다. 영남과 호남을 가르는 섬진강을 건너 하동군을 지나면 삼천포로 유명한 사천시가 나옵니다.

2차 출전의 첫 전투인 사천해전이 벌어졌던 바다는 사천시 중심부에서 남쪽으로 20킬로미터가량 떨어진 모자랑포 일대에 펼쳐져 있습니다. 오늘날에는 통합 사천시청이 근처에 들어서 있지만 주변으로 허허벌판이 펼쳐져 있어 이곳이 격전지였다는 것을 알기 어렵습니다.

그나마 1953년 각산 끝자락 해안 절벽에 모충공원을 세우고 이순신 장군 관련 기념물(동상, 비석 등)을 세워 이곳이 전적지임을 알 수 있습니다. 울창한 숲으로 둘러싸인 모충공원에서는 사천 앞바다가 훤히 보이는데 강 하구처럼 내륙 쪽으로 파고 들어간 좁은 사천포구 일대를 보노라면 당시 우리 수군이 이곳에 정박한 왜군 함대를 격파하기가 쉽지 않았음을 알 수 있습니다. 이런 지형적 불리함과 조수 간만 차를 충분히 파악하고 왜군을 넓은 바다로 유인해 격파한 뒤 밀물 때에 맞추어 포구 안쪽에 정박 중이던 왜군까지 격멸한 이순신 장군의 지혜와 용의주도한 전략에 찬사를 보냅니다.

사천에서 해안도로를 따라 삼천포 일대를 거쳐 고성군으로 가봅시다. 고성군도 복잡한 해안선과 험한 지형으로 되어있습니다. 고성군 역시 임진왜란 당시 주요 격전지였는데 우리 수군의 1~2차 출전 때 각각 적진포해전과 당항포해전이 벌어졌고, 소강기인 1594년에도 당항포에서 전투가 벌어졌습니다.

공교롭게도 당항포와 적진포는 구절산반도를 중심으로 위쪽과 아래쪽에 위치해 있습니다. 위쪽 포구가 당항포이고 아래쪽 포구가 적진포이지요. 구절산이나 거류산 꼭대기에서 이 두 포구를 모두 볼 수 있는데, 두 포구 모두 지형이 좁아 거북선을 필두로 이곳을 돌파해 왜군을 격멸하려면 엄청난 용기와 노고가 있었겠구나 하는 생각이 듭니다.

당항포 쪽으로 올라가 보면 당항포 관광지가 있습니다. 관광

모충공원에서 바라본 사천 앞바다(출처: 사천시)

지 입구에 들어서면 우리를 반기는 것은 거대한 공룡입니다. 고
성군에서 대규모 공룡 발자국 화석이 발견된 것을 기념해 한반도
지질사에서 중요한 위치를 차지함을 알리려는 설치물입니다. 관
광지 내에 당항포해전 전시관이 있어 이곳이 격전지였음을 알 수
있긴 하지만 임진왜란 때 두 차례에 걸쳐 해전이 벌어진 격전지
이자 민족의 자주권을 지켜낸 항쟁의 현장임을 좀 더 내세웠으면
어땠을지 아쉬움이 남습니다.

　이곳에는 당항포해전과 관련해서 기생 월이에 대한 설화가
전해집니다. 임진왜란 이전 일본에서는 조선 내부 지형을 파악하

당항포 관광지와 관광지 내부에 건립된 거북선 모형(출처: 경남 고성군)

고자 전국 각지에 밀정을 파견했고 그들이 파악한 지형을 바탕으로 조선 전도를 그려 침략 준비를 했습니다. 고성군에서도 한 밀정이 스님으로 분장해 하룻밤을 묵었나 봅니다. 이때 기생 월이가 대접을 하게 되었고 월이가 따라주는 곡차(술)를 거하게 마신 스님은 술에 취해 쓰러져 잠들었습니다. 그런데 잠든 스님의 품속에 숨겨놓았던 정체불명의 보따리가 슬쩍 빠져나온 거예요. 월이가 보따리를 풀어 헤치니 조선의 지형을 상세히 묘사한 지도였습니다. 깜짝 놀란 월이는 이런 지도를 품고 다니는 것을 보면 왜국의 밀정이 분명하다고 확신했습니다.

월이는 지도를 조심스럽게 펼쳐 고성의 복잡한 해안선을 바탕으로 육지인 곳에 수로를 그려 바다인 것처럼 조작해 놓고 다시 보따리에 싸서 스님의 품에 넣어두었습니다. 잠에 곯아떨어져 월이가 지도를 조작한 것을 몰랐던 밀정은 그대로 일본에 돌아가 도요토미 히데요시에게 바쳤고 임진왜란 때 왜군은 조작된 지도를 바탕으로 고성 당항포에 쳐들어왔지요.

그러나 지도와 달리 당항포는 좁고 험한 수로가 안쪽까지 들어간 데다가 지도와 달리 반도 지형으로 퇴로도 없었습니다. 우리 수군의 계략에 걸려 소소강으로 잘못 들어간 왜군은 '메구라부네(장님배)', '복카이센(괴물배)'이라고 부르며 두려워했던 거북선까지 쫓아오는 바람에 도망칠 길이 막혔습니다. 결국 왜군은 독안에 든 쥐 신세가 되어 궤멸했고 살아서 육지로 도망친 패잔병은 소수에 불과했으며 그마저도 의병들과 우리 수군에 붙잡혀 처단되었습니다. 이후 당항포 앞바다는 왜군이 월이에게 속아 넘어갔다는 뜻에서 '속싯개'라고 불렸으며 왜군이 육지로 도망친 고개는 '도망개', 도망치다가 잡혀 전멸한 장소는 '잡안개'라 불리게 되었습니다.

당항포에 내려오는 월이 설화는 이순신 장군 휘하 수군들만 왜군에 대항해 싸운 것이 아니라 남해안 각지의 백성과 여성, 노비 등 가장 낮은 이들도 나라와 민족의 자주권을 위해 떨쳐나섰다는 것을 잘 보여줍니다.

✽ **경상남도 통영시**

고성에서 동남쪽으로 가면 최대 격전지 중 하나이자 삼도수군통제영이 있던 통영시가 나옵니다. 이곳은 이름부터 임진왜란 당시 격전지였음을 기념하고 있는데 이전 이름인 충무시는 이순신 장군의 시호인 '충무忠武'에서 따왔고, 오늘날 이름인 '통영統營'은 삼도수군통제영의 줄임말에서 따온 것입니다.

'동양의 나폴리'라는 별명처럼 통영은 한산도, 미륵도, 욕지도, 비진도 등 무수히 많은 섬과 복잡한 해안선으로 되어있습니다. 특히 미륵도에 있는 미륵산 정상에서 통영 앞바다를 보면 '한려수도閑麗水道'(조용하고 아름다운 바닷가 풍경)라는 말 그대로 절경이 따로 없습니다. 날이 맑으면 저 멀리 대마도도 보입니다.

수많은 섬과 복잡한 지형을 보면 왜 이곳에 전라·경상·충청 3도의 수군을 총괄하는 통제영이 있었는지 잘 알 수 있습니다. 복잡한 지형을 바탕으로 방어에도 유리하고 넓은 바다로 진출하는 데도 편리했기 때문이지요.

미륵산에서 바라본 한려수도 전경(출처: 통영시)

1593년 삼도수군통제사가 된 이순신 장군은 한산도 일대에 삼도수군통제영을 설치했습니다. 방어에 유리한 지형적 이점뿐 아니라 통영과 거제도 사이의 물길인 견내량을 틀어막으면 왜군이 남해안 일대로 진출해 노략질할 수 없다는 점도 고려했습니다. 또한 한산도를 바탕으로 부산, 창원 일대에 조성되던 왜성의 동태를 감시하는 데도 유리했습니다.

이순신 장군이 한산도에 창설한 첫 통제영은 칠천량 패전 직후 불타 사라졌고, 현재 통영에 있는 통제영은 1603년(선조 36년)에 6대 삼도수군통제사인 이경준이 세운 것입니다. 전쟁 후에도 통영의 전략적 가치가 인정받은 셈입니다. 통영에 새롭게 조성된 통제영은 1894년 수군이 폐지될 때까지 300년 동안 3도 수군의 총사령부 역할을 했습니다. 안타깝게도 통영 통제영 역시 일제강점기 때 대대적으로 파괴되어 통제영의 중심 건물이자 객사인 세병관(국보 제305호)만 남았으나 2013년 통영시에서 통제사 집무실인 운주당을 비롯해 통제영 관아 건물을 복원해 놓아 당시의 위용을 느낄 수 있습니다.

통제영의 중앙 건물인 세병관 역시 전라좌수영의 진남관만큼 거대한 규모(전면 9칸, 측면 5칸)를 자랑합니다. 빛바랜 단청에서는 오랜 세월의 흔적이 느껴지고, 세병관 현판 글씨는 웅장하고 시원한 맛이 있으며 '은하수를 끌어와 병기를 씻는다挽河洗兵'는 뜻은 낭만적이기까지 합니다.

통영 시내에서 미륵도로 내려가 봅시다. 통영대교를 통해 바

통영 삼도수군통제영 세병관

다를 건너 우회전해 남쪽으로 내려가다 보면 장군산 고개 너머로 당포항이 나옵니다. 바로 이곳이 2차 출전 당시 당포해전이 벌어진 장소입니다. 당포해전에서는 거북선이 선두에 서서 왜선 21척을 격파하고 왜장 구루지마 미치유키를 처단하는 대승을 거두었습니다.

당포항과 전투가 벌어진 앞바다를 보고 싶다면 근처에 있는 당포성지(경상남도 기념물 제63호)를 추천합니다. 높이 약 2.7미터, 너비 약 4.5미터, 길이 750여 미터 규모의 당포성지 역시 우리나라 전쟁사에서 중요한 유적입니다. 여말선초였던 1371년(공민왕 23년)에 최영 장군이 당시 전국 각지의 해안가에서 노략질하던 왜구들을 막고자 이 성을 쌓았고 여기서 왜구를 무찔렀지요. 임진왜란 때도 이곳 앞바다에서 이순신 장군 주도로 당포해전이 펼쳐졌으니 가히 시대를 넘어 일본 침략에 맞선 현장이라 할 만합니다.

당포성지에서 바라보는 일몰 전경도 놓치면 안 됩니다. 당포

당포성지와 당포성지에서 바라본 일몰(출처: 경상남도)

앞바다를 붉게 물들이며 지는 해를 바라보면서 왜적에 맞서 이 땅을 지켜낸 조상들의 투쟁 정신을 떠올려 보길 바랍니다.

이제 한산도대첩이 벌어진 한산도로 가봅시다. 통영 여객선 터미널에서 한산도(제승당)를 오가는 연락선을 타고 25분 정도 가 다 보면 한산도에 도착합니다.

한산도에서 첫 번째로 가보아야 할 곳은 제승당입니다. 1593년 이순신 장군이 첫 통제영을 세운 장소이고, 1739년(영조 15년) 이순신 장군의 업적과 한산도대첩을 기리고자 이곳에 사당 을 설치해 오늘날까지 남아있는 곳이지요.

임진왜란 초기 우리 함대의 최대 전투가 펼쳐진 현장답게 제 승당에는 임진왜란 당시 우리 수군이 치른 주요 해전들이 다섯 폭의 기록화로 전시되어있고 충무사에는 이순신 장군의 영정이 위패와 함께 모셔져 있습니다. 제승당 앞에는 이순신 장군이 바다 를 보며 전략을 짜던 수루가 있고, 장병들이 활쏘기 연습을 하던

한산도 제승당과 통영-한산도 여객선을 타고 가며 바라보는 한산도대첩 현장

한산정도 자리 잡고 있습니다.

　제승당 수루에서 바라보는 한산도 앞바다는 절경이 따로 없습니다. 물론 미륵산 위에서도 통영 앞바다를 볼 수는 있으나 그 현장을 가까이에서 보는 것은 또 다른 느낌을 줍니다. 임진왜란 당시 이순신 장군이 달밤에 이곳에서 바다를 바라보며 나라를 걱정하는 심경을 담아 지은 시가 잘 알려져 있습니다.

　　한산도 달 밝은 밤에 수루에 홀로 앉아 閑山島明月夜上戍樓

제승당 수루

큰 칼을 옆에 차고 깊이 시름하는 때에 撫大刀深愁時
어디서 한 가락 피리 소리는 남의 애를 끊는구나. 何處一聲羌笛更添愁
– 이순신, 〈진중시陣中詩〉

오늘날에는 그저 아름다운 풍경을 구경하지만 전쟁이 한창
이던 이 땅과 민족의 안녕을 걱정하며 달밤 아래에서 고민했을
이순신 장군의 심경이 그려집니다.

✠ 경상남도 거제시 옥포

통영에서 신거제대교를 통해 견내량을 건너면 경상남도에서 가장 큰 섬이자 우리나라에서 두 번째로 큰 섬인 거제도가 나옵니다. 거제도 역시 임진왜란 주요 전적지 중 하나입니다. 우리 민족의 첫 승리였던 옥포해전이 거제도 옥포에서 벌어졌고, 2차 출전 당시 마지막 해전이었던 율포해전 또한 거제도에 있는 율포에서 벌어졌지요. 정유재란 때 뼈아픈 패전이었던 칠천량해전도 거제도 북쪽 칠천도 앞바다에서 벌어졌습니다.

율포해전의 경우 왜군 소탕전에 가까우므로 옥포해전 전적지 중심으로 답사해 봅시다. 견내량에서 위쪽 해안도로를 따라가다 보면 거제 시내가 나오고, 좀 더 동쪽으로 이동하면 옥포가 나옵니다. 옥포 북동쪽에는 옥포해전의 승리를 기념하며 세워진 옥포대첩기념관이 있습니다.

옥포대첩기념관 정상에 오르면 거대한 규모의 승전기념비와 함께 옥포 앞바다를 훤히 바라볼 수 있는 옥포루가 있습니다. 오늘날 옥포에는 옥포조선소와 더불어 번화한 시가지가 펼쳐져 있지만, 잠시 이곳에서 예상치 못한 우리 수군의 공격으로 박살난 왜선 조각과 시체로 가득했을 모습을 떠올려 봅시다. 그리고 전쟁 개전 이래로 왜군 침략에 주눅 들었을 백성들이 우리 수군의 귀중한 첫 승리를 구경하며 얼마나 기뻐했을지도 떠올려 봅시다.

신거제대교에서 바라본 견내량(출처: 거제시)

거제 옥포대첩기념관

안골왜성과 안골왜성에서 바라본 안골포의 모습

✠ 경상남도 창원시 안골포

임진왜란 초기 우리 수군의 행적을 찾는 마지막 여정은 창원시입니다. 거제에서 거가대교를 건너면 가덕도와 부산신항에 닿습니다. 거기서 다시 서쪽으로 2번 국도를 따라가다 보면 가장 먼저 안골포해전이 벌어진 안골포를 만나게 됩니다.

동만산 자락에 세워진 안골왜성(경남 문화재자료 제275호)은 와키자카 야스하루, 구키 요시타카, 가토 요시아키 등이 세운 성입니다. 안골왜성에서는 안골포구를 한눈에 볼 수 있습니다. 현재 입구는 개인 텃밭이 있으나 산 정상에 오르면 왜성의 흔적이 잘 보존되어있습니다. 총 세 개 구조(혼마루-니노마루-산노마루)로 구성된 넓은 면적에 치밀하게 쌓은 성벽과 천수각 터를 보면 이곳이 임진왜란 당시 왜군의 핵심 수군 기지였음을 알 수 있습니다.

안골왜성 아래로는 호리병 모양의 안골포구가 펼쳐져 있습니다. 포구를 좌우로 둥글게 감싼 지형과 잔잔한 수면 그리고 적잖이 넓은 포구는 대규모 함대가 정박할 수 있는 수군 기지로 삼기에 적합했습니다. 오늘날에는 남쪽으로 거대한 항구와 산업 단지가 들어서 있지만 조선시대에는 이곳도 바다였기 때문에 가덕도와 부산 방면으로 진출할 수 있습니다.

안골포는 전략적 요충지여서 이전에도 경상우수영 산하 안골진이 설치되었고, 그 흔적으로 배를 건조하고 수리하던 굴강(경남 기념물 제143호)이 남아있습니다. 왜군 역시 이곳의 중요성을 알고 이곳에 왜성을 쌓고 주요 수군 기지로 삼았습니다.

안골포 일대를 바라보면서 안골포해전이 어떻게 전개되었는지 상상해 보았습니다. 이미 한산도에서 크게 패전한 상황에서 기함 니혼마루를 방패 삼아 주요 수군 기지인 이곳만은 필사적으로 지키려던 왜군의 저항 그리고 조수 간만 차와 왜군의 필사항전을 극복하고 포구를 여러 차례 드나들며 가차 없이 박살낸 우리 수군의 투쟁 정신이 눈앞에 그려집니다.

이순신 장군과 함께 싸운 사람들

　임진왜란 당시 이순신 장군 휘하 수많은 사람이 함께 싸웠습니다. 전라좌수영의 각 장수부터 수군 장병들과 스님들, 남해안의 이름 없는 백성까지 이순신 장군과 함께했던 사람들입니다.

　먼저 전라좌수영의 주요 인물을 살펴봅시다. 순천부사 권준은 임진왜란 당시 전라좌수영의 2인자로, 이순신 장군의 계획과 전략 전술을 각 장수와 장병에게 전달하는 역할을 맡았습니다. 당포해전에서는 왜장 구루지마 미치유키를 활로 쏘아 사살한 뒤 목을 베는 공을 세웠지요. 전라좌수사 바로 밑에서 업무를 맡다 보니 자연스럽게 이순신 장군과 사적으로 친밀했고, 이순신 장군 역시 권준을 아껴 함께 바둑을 두거나 활쏘기를 하고 술자리도 자주 가졌다고 합니다.

　이순신 장군의 지휘 아래 거북선을 개발한 것으로 알려진 군관 나대용은 거북선 개발을 비롯해 판옥선 건조 및 수리를 총괄

했습니다. 전투에도 활발히 참여했는데 사천해전 당시 왜군의 총탄에 맞아 부상을 당하기도 했습니다. 임진왜란 이후에는 군함을 개발하는 사업에 몰두해 창선*, 해골선** 등을 개발했습니다.

이순신 장군과 이름이 같은 장수도 있었습니다. 바로 방답첨사를 맡았던 입부 이순신입니다. 그 역시 이순신 장군이 아꼈던 장수로 전투에서 많은 공을 세웠습니다. 노량해전에서 이순신 장군이 최후를 맞이하자 지휘권을 이양받아 함대를 지휘해 승리로 이끌었지요. 조정에서는 그 공을 인정해 그에게 '무의武毅'라는 시호를 내렸습니다.

녹둔도전투 때부터 이순신 장군과 인연을 맺었던 이운룡은 경상우수영 휘하 옥포만호로 활동했습니다. 함대를 버리고 도망치려던 원균을 꾸짖으며 이순신 장군에게 도움을 요청한 바 있으며 그 결과 옥포해전에서 우리 수군에게 첫 승리를 가져다줄 수 있었지요. 이후로도 수많은 해전에서 공을 세웠으며 명나라에서도 그의 공을 인정하며 극찬했습니다.

이운룡은 상관에게도 직언할 정도로 강직했습니다. 이 때문에 적잖은 곤경을 치르기도 했습니다. 이순신 장군은 자신과 꼭 닮았던 이운룡을 매우 아껴 술자리도 자주 하고 후계자로 세울 계

---

* 중소 군함인 방패선에 거북선처럼 창을 빽빽하게 꽂아 적의 승선을 막은 배를 말합니다.

** 매를 형상화한 군함으로 거북선처럼 지붕을 덮었으며 빠른 속력이 특징입니다.

획까지 세웠습니다. 1596년에는 그를 경상좌수사에 천거했지요.

그러나 그를 고깝게 보던 원균이 이운룡을 좌천시켜 버렸고 이 때문에 정유재란 당시 이순신 장군과 함께하지 못하고 육지에서 왜군에 맞서 싸워야만 했습니다. 그나마 전쟁 후인 1605년, 이운룡은 통제사에 임명되었고 이순신 장군의 꿈은 사후에나마 이루어졌습니다.

전쟁 초반, 송희립과 더불어 경상우수군을 도와야 한다고 강하게 주장했던 녹도만호 정운도 이순신 장군이 아끼던 장수였습니다. 임진왜란이 일어나기 전 녹도진에서 전쟁 대비에 철저한 그를 보고 이순신 장군은 크게 신뢰했고 그 또한 전쟁 당시 선봉에 나서며 많은 공을 세웠습니다. 특히 한산도대첩에서는 왜선 2척을 침몰시키고 수급 3개를 노획하며 포로 2명을 구출하는 전과를 올렸지요.

애석하게도 정운은 부산포해전 때 조총에 목숨을 잃었습니다. 아끼던 장수가 전사하자 이순신 장군은 직접 제문까지 지어주며 슬퍼했습니다. 현재 정운의 무덤은 해남 삼산면에 있으며 다대포 몰운대에도 정운을 기리는 비석이 세워져 있습니다.

이외에도 전라좌수영에는 수많은 사람이 함께했습니다. 이순신 장군의 부하였으나 경험이 많고 연륜이 높아 이순신 장군이 깍듯이 예우했던 광양현감 어영담, 조방장 정걸도 있고, 전라좌수영의 참모 역할을 맡았던 송대립·송희립 형제도 있습니다. 전라우수사로 이순신 장군과 여러 차례 출전해 왜군을 무찔렀으나 칠천량에서 장렬히 최후를 맞은 이억기 장군도 유명합니다. 또한 수군 장병들과 자운·옥형 두 스님이 이끄는 승병들, 수많은 남해안 백성도 잊지 말아야 합니다.

조선시대 수군은 군역 중에서도 가장 힘들고 천한 일로 취급받아 기피 대상이었고, 사회에서 천대받거나 가난한 이들이 대를 이어 복무하는 경우가 많았습니다. 해안가 사람들 역시 신분은 일반 백성이었으나 천한 일을 한다고 차별과 멸시를 받았고 바다에서 잡은 해산물을 특산품으로 바치라며 지방관과 아전들의 폭정에 시달렸지요. 조선시대 숭유억불 정책의 영향으로 유생들에게 차별받으며 산중으로 쫓겨간 스님들의 처지 또한 마찬가지였습니다.

이순신 장군은 수군 지휘관을 맡으며 장병들과 백성들의 애환과 노고를 누구보다 잘 알았습니다. 그래서 그들을 천대하지 않고 존중하고 아꼈으며 전쟁에 주역으로 내세웠습니다. 전투와 군사 행정에서는 신분과 출신, 친분 관계 등을 따지지 않고 원칙을 지켰으며 군법을 어기는 자는 가차 없이 처벌했지만 열심히 싸우는 이들에게는 칭찬과 격려를 아끼지 않았습니다.

전투 결과를 보고하는 장계에서도 이순신 장군은 자신의 공을 내세우기보다 장병들의 전공을 빠짐없이 기록했습니다. 또한 전사자의 제문을 직접 지어주며 애도하고 유가족들을 위로하며 합당한 예우를 해주었습니다. 부상자에게도 적절한 치료와 격려를 아끼지 않았지요.

전략을 짤 때에는 해당 지역의 지리에 밝은 지역주민들의 조언을 가벼이 듣지 않았으며 전투 시에도 백성들의 안전을 고려해 작전을 펼쳤습니다. 또한 우리 수군의 승전보를 듣고 전라좌수영, 통제영 등지로 찾아온 피난민들을 받아들여 보호하는 한편 그들에게 수군 기지 인근 둔전을 일구고 바다에서 고기잡이를 할 수 있게 배려해 생계 문제도 해결해주었습니다.

이렇게 장병과 백성을 아끼고 존중해주었으니 이들이 이순신 장군을 마음을 다해 따른 것은 당연할 수밖에 없습니다. 이순신 장군의 탁월한 지도력과 사람에 대한 존중과 사랑이 장병과 백성을 하나로 뭉치게 했고 그 힘으로 여러 차례에 걸쳐 값진 승리를 일궈낼 수 있었던 것입니다. 그야말로 '백성을 하늘과 같이 대하는 것以民爲天'의 훌륭한 본보기였습니다.

무 기
이야기

거북선에 대한 세 가지 쟁점

임진왜란을 대표하는 무기로는 단연 거북선을 꼽을 수 있습니다. 천장에는 거북 등 같은 지붕을 씌우고 뱃머리에는 용머리를 단 배가 적진을 무너뜨리고 사방으로 함포를 쏘며 왜군을 박살내는 통쾌한 장면이 눈앞에 그려집니다. 당시 거북선은 우리 민족에게는 승리와 희망의 상징이었고 왜군에게는 절망과 공포의 대상이나 다름없었습니다.

우리 민족의 자랑거리 중 하나이지만 거북선은 논쟁도 끊이지 않고 있습니다. 최초 발명자가 누구인지부터 시작해 내부 구조, 철갑선 여부 등 거북선에 관한 자부심과 애착에서 비롯된 관심이지요. 지금부터 거북선에 대한 세 가지 쟁점을 살펴보겠습니다.

쟁점 1. 거북선은 이순신 장군이 처음 발명한 것은 아니다

일반적으로 임진왜란이 일어나기 전 이순신 장군이 전쟁에 대비하면서 거북선을 발명했고 전투 때 직접 타고 전투를 지휘했다고 알고 있습니다만, 결론부터 말하자면 거북선은 임진왜란 때 이순신이 발명한 것이 아닙니다. 최

거북선 모형(출처: 전쟁기념관)

근 대중 매체와 역사책에 거북선에 대한 이야기가 많이 거론되면서 거북선이 전라좌수영 군관 나대용이 고안한 설계도를 바탕으로 제작했다는 사실이 알려지기도 했지만 이미 조선 초기에 거북선이 창안되었다는 기록이 있습니다.

임금(태종)이 임진도(파주 임진나루) 근처를 지나다가 거북선과 왜선이 서로 싸우는 상황을 구경했다.
–《태종실록》 권 25, 태종 13년 2월 5일 기록

좌대언 탁신이 군사 대비에 대한 의견을 올렸다. (중략) "거북선의 법은 많은 적과 충돌해도 적이 능히 해치지 못하니 가히 필승의 좋은 계책입니다. 다시 튼튼하고 정교히 만들어 이기는 도구로써 갖추소서.

-《태종실록》 권 30, 태종 15년 7월 16일 기록

태종 때부터 거북선은 왜구의 침입을 막는 대책으로 고안되었고 더 튼튼히 만들 것까지 제안되었다는 기록입니다. 다만 이 당시 거북선이 임진왜란 때의 거북선과 똑같다고 볼 수는 없습니다. 아마 조선 초기의 거북선은 고려 때 사용했던 과선*이나 검선** 등을 참고해서 만든 것으로 사료됩니다.

우리가 아는 형태의 거북선은 이전 시기의 과선과 검선 등의 도안을 참고해 임진왜란 당시의 주력 군함인 판옥선을 기반으로 새롭게 만들어진 것입니다. 이전 시기의 거북선 이름과 '적들이 쉽게 배에 오르지 못하게 한다'는 개념을 계승한 것이지요.

물론 조선 초기 '거북선'이라고 불린 배와 임진왜란 시기의 '거북선'을 이름만 공유한 다른 배로 본다면 이순신 장군 휘하 전라좌수영에서 독창적으로 만들었다고 해도 틀린 말은 아닙니다. 또한 있는 배를 개조하거나 새로운 배를 개발하는 것도 지휘부의 결단이 필요한 중요 사업으로 이순신 장군의 결정이 없었다면 새로운 형태의 거북선은 태어나지 않았을 것입니다.

정리하자면 조선 초기부터 거북선은 존재했고 시간이 지나 이순신 장군

---

* 과선은 배 위에 창이나 칼을 여러 개 꽂아 적들이 올라타는 것을 막았습니다.

** 조운선 겸 싸움배였던 맹선에 둘레에 빽빽하게 칼을 꽂은 형태의 배를 말합니다.

휘하 전라좌수영에서 이를 계승해 판옥선을 바탕으로 새로운 거북선을 만들었다고 할 수 있습니다.

쟁점 2. 거북선은 2층인가, 3층인가

거북선과 관련해서 가장 큰 논쟁이 되는 쟁점은 내부 구조입니다. 크게 2층설과 3층설로 나뉘는데 기존에는 《이충무공전서》에 실린 거북선 삽화(통제영귀선, 전라좌수영귀선)를 바탕으로 2층 구조로 추정하는 주장이 많았습니다. 이에 따라 흘수선 아래인 1층은 장병들의 생활 공간으로, 2층은 노를 젓고 함포를 발사하는 전투 공간으로 추정했으며 현재 여러 전적지나 박물관에 전시된 모형들도 2층설을 바탕으로 만들어진 경우가 많습니다.

하지만 2층설은 한계점이 있습니다. 노 젓는 공간과 함포를 발사하는 공간이 겹치는 점부터 옆에서 격군이 노를 젓는 상황에서 함포를 동시에 쏜다는 것이 거의 불가능하기 때문입니다. 노 젓는 공간과 함포 쏘는 공간이 겹칠 경우 격군이 빠르게 노를 젓는 것이 불가능해 '빠른 속도로 적진 사이로 파고들어 대열을 무너뜨린다'는 돌격선 역할도 제대로 못 하고 함포 반동에 의해 격군이 다칠 수도 있습니다. 더군다나 '판옥선에 지붕을 씌워 적들이 올라올 수 없도록 했다'는 기록을 반영하면 2층설은 더욱 설득력을 잃습니다. 생활 공간, 노 젓는 공간, 전투 공간이라는 3층 구조로 되어있는 판옥선과 2층 거북선을 비교해 보면 오히려 노 젓는 공간과 전투 공간이 합쳐진 거북선은 성능이 더 떨어지기 때문입니다. 2층설을 고집할 경우 '거북선은 판옥선과 크기가 비슷했다'는 기록과도 충돌하지요.

2층설을 보완하는 주장으로 최근 3층설이 제기되었습니다. 판옥선처럼 노

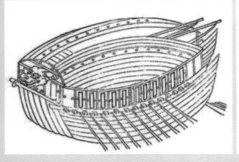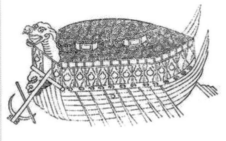

통제영귀선과 전라좌수영귀선(출처: 《이충무공전서》)

젓는 공간(2층)과 전투 공간(3층)을 따로 설정해 놓았다는 주장으로 3층으로 지어진 거북선은 속력가 빠르고 함포 발사도 자유자재로 할 수 있습니다. 그래서 현재 영화나 드라마에서는 3층설을 바탕으로 거북선을 복원하는 경우가 많습니다. 최근 통영시에서 복원한 거북선도 3층설을 바탕으로 했습니다.

3층설 역시 완벽하지는 않습니다. 《이충무공전서》를 비롯한 여러 사료에 묘사된 거북선 그림과 3층 구조가 잘 들어맞지 않기 때문입니다. 거북 등처럼 둥글게 지붕을 올린 구조에서는 3층이 천장과 너무 가까워 장병들이 제대로 활동하기 어렵다는 점도 지적됩니다. 이를 해결하기 위해 일각에서는 거북선의 지붕이 8각으로 각진 형태였다는 주장을 하거나 지붕 중 일부를 함포 발사를 위해 각진 형태로 설계했다고 말하기도 합니다.

한편으로는 거북선 구조를 입증하는 사료인 《이충무공전서》가 조선 후기인 1795년(정조 19년)에 편찬되어 임진왜란 당시의 거북선을 추정하는 것은 부적합하다는 반론을 제기합니다. 조선 후기에는 화포가 총통에서 불랑기포로 소형화되고, 조총수가 직접 총구멍으로 총탄을 발사했으니 2층 구조가 가

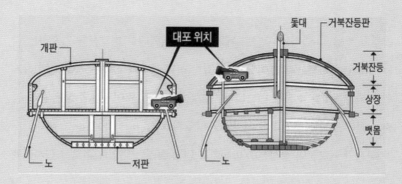

거북선 2층설과 3층설 비교

능한 반면 임진왜란 때는 3층 구조가 맞다는 주장입니다. 임진왜란 당시의 거북선 구조를 입증할 자료는 많지 않고 시기에 따라 거북선은 다양한 형태를 지녔기에 거북선 구조에 대한 논쟁은 앞으로도 계속될 것으로 보입니다. 그럼에도 기존의 다양한 학설과 당시 화포의 운영 방식 등을 종합해서 추정해 보면 임진왜란 당시 거북선은 3층 구조가 돌격과 전투에 훨씬 적합했다고 할 수 있습니다.

쟁점 3. 거북선은 철갑선인가, 목선인가

우리에게 익숙한 거북선 모습은 지붕에 철갑과 송곳을 씌운 형태이며 이에 따라 '세계 최초의 철갑선'이라는 인식이 널리 퍼져 있었습니다.

그런데 최근 들어 거북선이 철갑선이 맞느냐는 의문이 제기되고 있습니다. 《난중일기》나 《실록》, 《이충무공전서》 등에서도 임진왜란 당시 거북선이 철갑선이었다는 기록이 명확히 나와 있지 않다는 것이지요. 거북선에 철갑을 달면 무게가 무거워 돌격선으로서의 역할을 제대로 못하고 금속이 부식되어

나무가 썩을 수 있다는 주장도 제기됩니다. 이외에도 철갑선을 입증하는 일본 측 자료인 《정한위략》이 '이렇게 강한 적과 싸우다 졌다'는 것을 강조하기 위해 과장했다는 주장도 있습니다. '세계 최초 철갑선'이라는 주장은 군사 정권 시절에 조작된 것이라는 이야기도 나오지요.

하지만 거북선이 철갑선이 아니라고 단정 짓기는 어렵습니다. 조선시대에 나무 문에 얇은 철판을 덧씌워 내구력을 올리고 화공에 대비했던 사례는 많으며 이를 추정해 보면 거북선 역시 나무 지붕 위에 얇은 철판을 씌우는 것이 불가능하지 않았을 것입니다. 일본에서도 오다 노부나가가 안택선에 철갑을 덧씌워 내구력을 높였다는 일화가 있지요. 얇은 철판의 경우 배의 복원력이나 무게에 큰 영향을 미치지 않는다는 사실이 여러 공학자의 실험을 통해 밝혀진 바 있습니다.

더군다나 나무 지붕이면 화공에 취약하다는 문제도 있습니다. 임진왜란 당시 왜군이 불화살을 사용했다는 기록은 없지만 적어도 손으로 던지는 폭탄인 포락옥이나 짚에 불을 붙여 던지는 방법으로 화공을 시도했을 가능성이 큽니다. 이와 같은 화공을 막기 위해서는 철갑이 훨씬 유리합니다. 옻칠을 한 나무도 화공에 어느 정도 버티지만 철갑만 못하지요.

거북선에 철갑을 씌웠을 가능성을 시사하는 기록을 완전히 부정하기도 어렵습니다. 영조 때도 경상좌수사가 거북선의 성능을 극찬하며 올린 장계에 철갑을 덮었다는 구절이 나옵니다.

비늘갑주로 덮개를 하고, 그 안을 넓혔으며, 굽은 나무로 가슴을 꾸미고, 가파르고 뾰족하며 가볍고 날랩니다. 외양은 신령한 거북이

물 위를 달려가는 것과 비슷합니다. 이것을 누선(판옥선)과 비교하면 그 속력이 천지 차이라 할 수 있습니다.

    – 경상좌수사 이언섭의 〈장계〉 초본, 1748년(영조 24년)

여기에다가 1895~1907년 경기수영에서 파악한 《무기재고표》에도 거북선 철갑으로 추정되는 귀선철개龜船鐵蓋가 6개 있다는 기록이 나옵니다. 근대 시기에 조선에서 활동했던 선교사들도 거북선을 보고 '금속으로 표면을 감쌌다'*, '철판Iron Plate으로 감싼 철갑선Ironclad의 일종'** 등의 기록을 남긴 바 있습니다.

비록 이들 기록은 임진왜란 후대 기록이어서 임진왜란 당시 거북선이 철갑선이라는 주장을 완벽하게 입증하지는 못하지만 거북선에 철갑을 씌웠을 가능성을 시사한다는 점에서 적잖은 의의가 있습니다.

종합하면 임진왜란 당시 거북선이 철갑선이었는지는 정확히 알 수 없지만 거북선에 철갑을 다는 것은 불가능하지 않았으며 최소 조선 후기에는 철갑을 달았을 가능성이 큽니다. 이런 점에서 볼 때 섣불리 '거북선은 철갑이 아니었다'라고 단정하기는 어렵습니다.

✠ W. 그리피스, 《은둔의 나라 조선》, 1882

✠✠ H. 헐버트, 《Harper's New Monthly Magazine》, 1899

3부

의병의 궐기,
깨어나는 한반도

의병들의 투쟁 현장

바다에 이순신 장군과 우리 수군이 있었다면 육지에서는 전국 각지에서 의병들이 일어났습니다. 경상우도의 곽재우 의병부대, 호남 지방의 수많은 의병들, 경상좌도의 권응수·박진 의병부대, 함경도의 정문부 의병부대 등 그야말로 전국 각지에서 민초들이 구름같이 일어났습니다.

임진왜란 당시 의병부대를 살펴보면 의병장은 지방의 이름난 유생이나 관리 등 유력 인사가 많았지만 그들 밑에서 실제 의병 투쟁을 벌였던 이들의 신분은 다양했습니다. 농민, 지방 아전들은 물론 노비, 백정, 스님들도 참여했으며 노인부터 어린아이, 여성들까지 나라의 자주권과 고향을 지키고자 떨쳐나섰습니다.

의병들의 무기나 전투력은 관군이나 왜군에 비해 빈약했지만 자기 고향의 지형과 기후에 매우 밝았습니다. 이를 바탕으로 의병부대는 산지를 중심으로 유격전을 벌여 곳곳에서 왜군을 타

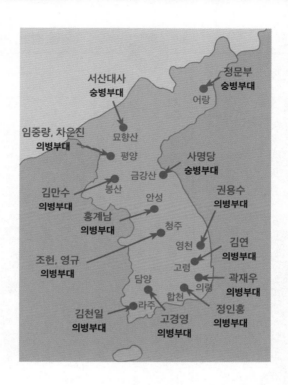

격하고 보급로를 끊어 수많은 승리를 거두었습니다. 전국 각지에서 일어난 의병들의 활약에 왜군은 더 이상 침략을 이어나갈 수 없었고 우리 군대와 백성들은 의병들의 승리에 힘입어 반격의 교두보를 구축할 수 있었습니다.

임진왜란 초반 의병들의 투쟁 현장으로 떠나봅시다. 경상우도, 호남, 함경도 등지를 돌아보며 당시 조상들의 투쟁 정신과 애국심을 함께 느껴봅시다.

들끓는 영남

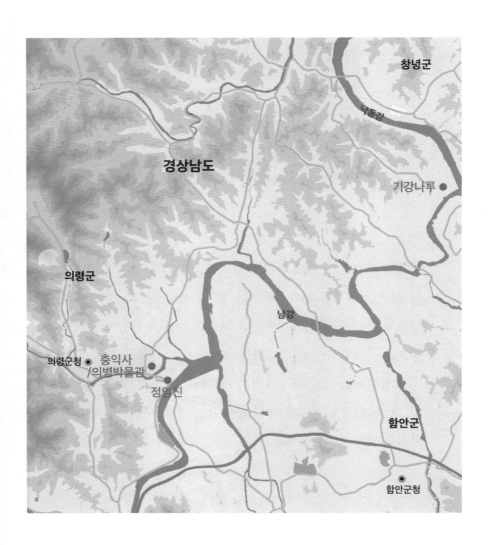

임진왜란 때 가장 먼저 의병 투쟁의 불길이 번진 곳은 경상우도 지역입니다. 의령에 은거하며 학문을 닦던 유생 곽재우는 임진왜란이 벌어지자 가산을 털어 의병을 조직했습니다. 처음에는 곽재우 집안의 노비들과 마을 장정 50여 명에 불과했지만 점차 여러 고을의 농민과 아전들이 호응해 그 수가 1,000여 명 이상으로 늘었습니다.

붉은 옷을 입고 백마를 타고 다니며 전투를 지휘하는 곽재우 의병장의 모습에 의병과 백성들은 그를 '홍의장군'이라 부르며 따랐습니다. 의병 투쟁 초창기 곽재우는 제대로 싸워보지도 않고 도망친 무능한 지방관과 아전들을 비판하면서 이들과 마찰을 빚기도 했으나 경상우도에 초유사로 파견된 김성일이 곽재우를 적극 지원하면서 의병 투쟁을 활발히 벌일 수 있었습니다. 곽재우 의병부대의 활약은 경상도 전역으로 퍼졌고 각 지방에서도 의병부대를 조직해 의병 투쟁에 나섰습니다. 합천에서는 정인홍이, 거창에서는 김면이 의병부대를 조직해 투쟁에 나섰지요.

경상우도 의병장 중 곽재우 의병장과 더불어 가장 두드러지는 인물은 김면 의병장입니다. 조식 휘하에서 공부하던 중 임진왜란이 터지자 그는 고향인 고령에서 의병 투쟁을 벌이려 했습니다. 그러나 고향인 고령은 의병 투쟁에 적합하지 않다고 판단해 거창으로 근거지를 옮겼습니다. 김면 의병부대는 곽재우, 정인홍 등 다른 지역의 의병부대와 연합하는 한편 경상우도 관군과도 힘을 합쳐 우척현, 성주성, 지례 등 곳곳에서 왜군을 무찔렀습니다. 조정

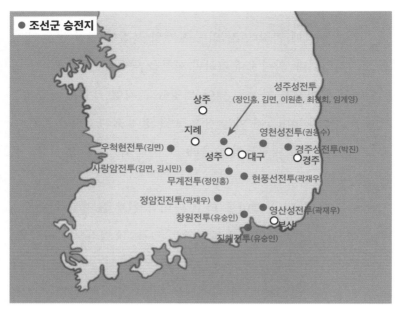

● 조선군 승전지

성주성전투
(정인홍, 김면, 이원춘, 최정희, 임계영)

상주

지례

영천성전투(권응수)

우척현전투(김면)

성주 　 대구 　 경주성전투(박진)

경주

사랑암전투(김면, 김시민)

무계전투(정인홍)

현풍선전투(곽재우)

정암진전투(곽재우)

영산성전투(곽재우)

창원전투(유숭인)

부산

진해전투(유숭인)

영남 지방 의병장들의 활동 지역과 전투

에서는 김면 의병장의 활약상을 눈여겨보고 경상우도병마사로 임명해 경상우도의 관군과 의병부대를 총괄하게 했습니다.

　김면 의병장의 경우 만석꾼으로 불릴 만큼 집안이 부유했으나 나라를 지키고자 재산을 털어 의병부대를 조직하고 싸우느라 가족을 돌보지 못할 정도였다고 합니다. 1593년 3월 13일, 그는 과로로 병을 얻어 세상을 떠났습니다.

　다만, 나라 있는 줄 알았지 내 몸 있는 줄은 몰랐구나.
　– 김면 의병장의 유언

경북 고령 도암서원과 김면 의병장 영정

경상좌도에서도 의병 투쟁이 번졌습니다. 영천에서는 권응수 의병장이 의병부대를 조직해 나섰으며, 박진 장군과 정세아, 박의장 등도 경상좌도 각지에서 의병 투쟁을 벌였습니다. 의병들은 정규군에 비해 무장이 빈약하고 병력도 많지 않았습니다. 하지만 자기 고향의 지형과 기후에 밝아 유격전, 기만술, 매복전, 교란작전 등 적절한 전략 전술을 사용해 전투에서 승기를 잡을 수 있었지요. 이런 방식으로 경상도 의병들은 영남 지방의 주요 교통로와 전략적 요충지를 탈환해 왜군의 침략 수행에 큰 타격을 주어 전쟁 국면을 바꾸어놓았습니다.

곽재우 의병부대가 활약했던 경남 의령군부터 성주전투가 펼쳐진 경북 성주군까지 함께 돌아봅시다.

✠ 경남 의령군

　영남 지방 의병 투쟁 답사는 맨 처음 의병부대의 깃발이 휘날린 의령군에서 시작합니다. 경상남도 내륙에 있는 의령은 서울에서 중부고속도로-대전통영고속도로를 타고 내려가다가 경남 산청군에서 국도 20호선으로 갈아타야 합니다. 고을 자체는 크지 않으나 읍내는 잘 꾸려져 있으며 읍내에서 의병교를 통해 개울 하나만 건너면 의령 지방 의병 투쟁을 기념한 의병박물관과 의병탑, 충익사가 우리를 반겨줍니다.

　먼저 최근에 건립된 의병박물관을 관람해 봅시다. 입구에 들어서면 '홍의장군' 이름 그대로 붉은 옷을 입은 곽재우 의병장의 기마동상이 있습니다. 의병박물관에는 의령의 역사와 발굴 유물을 전시한 고고역사실도 볼 만하지만 임진왜란 당시의 의병 투쟁을 다룬 의병유물전시실이 가장 큰 볼거리입니다. 곽재우 의병장의 생애와 의병 투쟁, 당시에 사용하던 환도(보물 제671호), 말안장, 팔각대접 등의 유물이 전시되어있으며 정인홍, 김면 등 경남 지방 의병들의 투쟁도 전시되어있습니다. 특히 정암진전투 전개 과정을 묘사한 모형 전시가 잘 꾸며져 있습니다.

　다음으로 곽재우 의병장을 모신 충익사에 가봅시다. 원래 의령읍에는 충익사와 의병탑만 있었으나 2012년 의병박물관을 새롭게 건립한 후 곽재우 의병장 관련 유물을 옮겼습니다. 충익사와 의병박물관은 바로 옆에 위치해 있어 의병 투쟁 역사도 배우고

의병탑과 의령 의병박물관

참배하기 좋은 코스입니다.

충익사는 아름다운 정원으로 조성되어 있으며 500년 이상
된 모과나무가 있습니다. 이 모과나무를 보면서 역사는 지금까지
도 이어지고 있다는 것을 새삼 느낍니다. 당시 백성들의 정신이
모과나무에 깃들어 있는 듯합니다. 이외에도 화려한 다포식 양식
으로 지어져 기둥마다 곽재우 의병부대의 이름과 본관, 관직을 적
어 기린 충의각도 좋은 볼거리입니다.

의병박물관과 충익사를 뒤로 하고 남강으로 이동하면 실제
전투 현장인 정암진이 보입니다. 나루터 인근에 가마솥 모양의 거
대한 바위인 '솥바위鼎巖'가 있어 붙여진 이름으로 강변 절벽 위에
있는 정암루에 오르면 남강 풍경과 정암철교, 의령 읍내가 한눈에
펼쳐집니다. 고운 모래톱이 넓게 펼쳐진 남강 풍경과 주변의 절

충익사 경내의 충의각과 모과나무

벽, 강물 위로 솟은 솔바위는 절경이 따로 없습니다. 정암루에서 아름다운 풍경을 보고 있노라면 이곳이 임진왜란 당시 격전지였다는 사실이 곧바로 떠오르지 않습니다. 그러나 전투가 벌어진 당시를 생각해 보면 이야기는 달라지지요.

정암진전투가 펼쳐진 시기는 장마철이 한창인 5월 말(양력 6~7월)이었으니 남강의 물도 장맛비로 크게 불어나 흙탕물이 세차게 흘렀을 것이고 모래톱과 진흙뻘이 뒤섞여 분간이 어려웠을 것입니다. 왜군은 남강을 건너 호남으로 쳐들어가고자 모래톱 쪽에 말뚝을 꽂았으나 의병부대는 밤을 틈타 진흙뻘 쪽으로 말뚝을 옮겨놓았습니다. 불어난 물 때문에 말뚝의 위치를 파악하기 힘들었던 왜군은 흙탕물로 건너며 허우적댔고 인근 강변 갈대숲에 매복해 있던 의병들은 이를 놓치지 않고 기습해 왜군을 크게 무찔렸습니다.

정암진전투 직후 왜군은 보복전 차원에서 대부대를 이끌고 의령을 침공했습니다. 이에 곽재우 의병장은 10명의 날랜 장사를 선발해 자신과 똑같은 붉은 옷을 입히고 흰말에 태워 이곳저곳에서 치고 빠지는 기만술을 펼쳤고 혼란스러운 이때를 놓치지 않고 곽재우 의병부대는 왜군을 기습해 큰 타격을 입혔습니다. 곽재우 의병부대의 기만술, 유격전, 심리전으로 왜군은 전의를 상실해 전라도를 침략하려던 계획은 완전히 틀어졌습니다.

정암루 절벽 뒤쪽으로는 솥바위에 제사를 지내는 사당이 조성되어있습니다. 예로부터 솥바위에는 영험한 기운이 어려 있어 주변 8킬로미터 이내로는 부귀영화가 끊이지 않으며 솥바위에 대고 소원을 빌거나 제사를 지내면 복이 온다는 전설이 내려오고 있습니다. 그래서인지 사당 옆에는 절벽에 이름을 새겨놓고 소원을 빌던 흔적이 많이 보입니다. 이끼로 둘러싸인 바위와 바위틈에 뿌리내리고 자라는 나무는 기이한 분위기를 자아냅니다.

정암진을 뒤로하고 곽재우 의병부대의 첫 전투가 펼쳐진 기강나루를 향해 떠나봅시다. 기강나루로 가는 길은 험난합니다. 다시 의령읍으로 나와 읍내 북쪽으로 국도 20호선을 타고 가다가 중간에 세간리에서 남쪽으로 꺾어 구불구불한 산길을 타고 가야 합니다. 그러다가 지정면사무소 일대에서 좌회전해 남강으로 다시 가다 보면 강변을 따라 기강전투 승리를 기념하며 세운 보덕각과 의병 투쟁에 나섰다가 순절한 손인갑·손약해 부자의 넋을 기린

쌍절각(둘 다 경남 문화재자료 제66호)이 나란히 서 있는 것을 볼 수 있습니다. 여기가 바로 남강과 낙동강이 만나는 기강나루입니다.

남강과 낙동강이 서로 만나 갈림길을 이룬다는 뜻으로 '거름강岐江'이라는 이름이 붙은 기강나루를 바라보면 그야말로 교통의 요충지임을 실감합니다. 드넓은 낙동강을 통해 북쪽으로 올라가면 대구를 거쳐 영남 내륙으로 이어지고, 남강을 통해 서쪽으로 가면 경상우도 최대 도시인 진주가 나오니 말이죠. 그래서 조선시대에는 이 기강나루에 거대한 나루터와 함께 수많은 상인과 나그네가 오가는 큰 시장이 열렸고 임진왜란 때도 물길을 통한 보급로로 중요한 역할을 했습니다.

정암루에서 바라본 남강 전경

기강나루 전경

곽재우 의병부대는 기강나루의 지형적 특성을 이용해 낙동강에서 남강까지 바닥에 말뚝을 박은 후 왜군의 보급선이 지나가기를 기다렸습니다. 배 밑바닥이 뾰족했던 왜군 보급선은 보기 좋게 말뚝에 걸렸습니다. 바다에 비해 강은 수심이 얕은데 말뚝이 바닥에 박혀 있었으니 속수무책이었던 거죠. 의병들은 강 한복판에서 아비규환에 빠진 왜군 수송부대를 기습해 궤멸하고 수많은 물자를 노획했습니다. 고향의 지형지물에 밝았던 곽재우 의병부대의 지혜가 빚은 귀한 승리였습니다.

✖ 성주성

의령에서 벗어나 경상우도 의병 투쟁의 최대 전적지인 성주로 향해 봅시다. 기강나루에서 남쪽으로 내려와 남강을 건넌 뒤 창녕군 남지읍 쪽으로 다시 올라와 중부내륙고속도로(노선번호 45번)를 타고 북쪽으로 올라갑니다. 창녕군, 현풍읍, 고령군 등을 지나는데 이곳 역시 의병 투쟁이 치열했던 장소입니다.

성주 읍내에 들어서면 최근에 조성된 성주역사테마공원이 보입니다. 성주성의 거대한 성문인 민락루가 솟아있으며, 성안에는 조선 초기에 《조선왕조실록》을 보관하던 성주사고가 개건되어있지요. 사실 성주성과 성주역사테마공원 내 역사 유적들은 역사의 풍파 속에서 사라지거나 크게 훼손당한 것을 재건된 것이라

성주역사테마공원에 복원된 성주성(출처: 성주군)

옛 정취를 느끼기는 어렵습니다. 그래도 이곳 역시 임진왜란 격전지 중 하나임을 잊지 말아야겠지요. 성주성의 경우 정인홍·김면 의병부대가 2만 명의 병력을 끌고 성을 되찾고자 전투를 벌인 현장이기에 의의가 큽니다.

　의병들은 지형을 이용한 유인 매복전과 유격전에 능했지만 공성전에서는 어려움을 겪었습니다. 관군과 의병 간의 의견 차이도 심해 작전에서 혼란이 벌어지기도 했습니다. 설상가상 전투 과정에서 성주목사에 임명되었던 제말 의병장과 별장 손승의가 전사하는 등 의병들의 피해도 컸습니다. 그러나 의병들은 포기하지 않고 5개월 동안 성주성을 탈환하기 위해 온 힘을 바쳤습니다. 의병들의 계속되는 공격과 성안의 식량이 떨어져 전의를 상실한 왜군은 1593년 1월 15일 야밤에 성주성을 비우고 후퇴했고 우리 군대는 성주를 되찾을 수 있었습니다.

　5개월이라는 적잖은 시간이 걸리고 의병부대가 막대한 희생을 치른 것을 두고 일각에서는 사실상의 패배가 아니냐고 반문합니다. 그러나 의병부대가 목표로 삼은 성주성 탈환을 이루어내고 왜군이 성을 버리고 철수했으니 성주전투는 우리 민족의 엄연한 승리입니다. 또한 성주전투 당시 의병들의 희생은 결코 헛되지 않았습니다. 성주성 탈환을 통해 경상우도 일대는 모두 해방되었고 낙동강을 통한 보급로가 완전히 차단되면서 왜군은 더욱 수렁에 빠져들었으니까요.

　성주성에서 펼쳐진 전투 과정과 승리의 의미에 대해 다시 생각해 보며 새롭게 개건된 성주성을 둘러봅시다.

호남이 없으면 나라도 없다

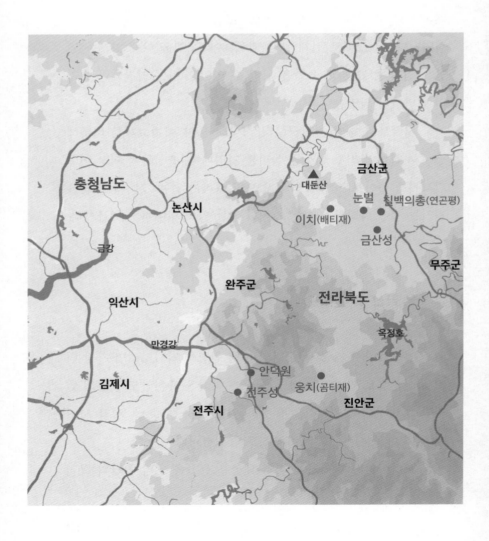

우리나라 최대의 곡창 지대이자 조선 왕조의 발상지라는 특성상 호남 지방은 임진왜란 초기 최대의 격전지였습니다. 호남을 빼앗기느냐 지키느냐에 따라 이후 전황은 물론 나라의 운명이 달려있었다 해도 과언이 아닙니다. 특히 임진왜란 초기 호남 지방 전투의 가장 큰 의의는 관군뿐 아니라 백성들도 의병을 조직해 왜군에 맞서 싸웠고 충청도에서도 호남을 지키고자 일어났다는 점입니다. 말 그대로 전체 호남 백성들이 온 힘을 다해 항쟁을 벌인 셈입니다. 그 결과 호남을 지킬 수 있었고 이는 임진왜란 승리의 밑바탕이 되었습니다.

지금부터 충남 금산군부터 시작해 웅치·이치고개를 비롯해 당시 치열했던 전투 현장을 살펴볼 것입니다. 조상들의 피땀 어린 전적지를 돌아보면서 '호남이 없으면 나라가 없는 것이며, 호남을 지키는 것이 나라를 지키는 것이다'라는 말의 의미를 느껴봅시다.

✖ 금산 칠백의총

임진왜란 초기 호남 군민의 투쟁 현장을 답사하려면 가장 먼저 금산군으로 가야 합니다. 금산군은 지금은 충청남도에 속해 있지만 조선시대에는 전라도에 속해 있었고 충청, 호남, 영남 사이에 있어 예로부터 교통의 요충지로 꼽혔습니다.

고바야카와 다카가게 휘하 왜군은 금산을 호남 침략의 근거지로 삼았습니다. 우리 민족은 호남을 지키고자 왜군의 사령부였던 금산에서 수많은 싸움을 벌였습니다. 7월 9일에는 고경명 의병부대 6,000명이 눈벌에서 왜군과 싸우다가 장렬히 최후를 마쳤고, 8월 18일에는 조헌·영규 의병부대 1,500명이 연곤평에서 왜군과 치열한 싸움을 벌였습니다. 이외에도 금산을 되찾으려는 호남·충청 의병들의 투쟁(개고개전투, 황당촌전투 등)이 꾸준히 이어졌으니 그야말로 고을 전체가 하나의 큰 전쟁터였습니다.

호남과 충청 군민의 항전으로 호남 침략도 막히고 금산마저 공격당하자 왜군은 더 이상 호남 침략을 진행할 수 없었습니다. 결국 고바야카와 다카가게가 이끄는 6번대 침략군은 호남 침략을 포기하고 9월 17일 금산에서 퇴각했습니다. 애석하게도 조선시대 금산의 중심지이자 임진왜란 당시 왜군이 사령부로 삼았던 금산읍성은 현재 흔적조차 찾아보기 어렵고, 금산읍에서 북쪽으로 3킬로미터 정도 떨어진 칠백의총(사적 제105호)만이 이곳이 격전지였음을 알리고 있습니다.

칠백의총은 조헌·영규 의병부대가 금산 연곤평에서 왜군과 치열하게 싸우다 장렬히 최후를 맞이하자 조헌 의병장의 아우 조범과 제자 박정량, 전승업 등이 의병들의 시신을 한데 모아 장례를 치룬 곳으로 이름에 걸맞게 거대한 무덤이 조성되어있습니다. 그리고 그 앞에는 조헌 의병장을 비롯한 의병들의 위패를 모신 사당이 잘 꾸려져 있습니다.

2021년에는 칠백의총 앞에 금산 지방 전투를 소개한 기념관

칠백의총 전경

이 조성되었는데, 고경명 의병부대의 눈벌전투와 조헌·영규 의병
부대의 연곤평전투뿐 아니라 금산을 되찾기 위한 호남·충청 의병
들의 투쟁이 잘 설명되어있습니다. 의병들의 투쟁 정신을 보여주
는 전시도 꽤 볼 만합니다.

　　그러나 칠백의총은 명칭에서부터 금산에서 일어난 의병 투
쟁을 온전히 담아내지 못하고 있습니다. 연곤평전투에서는 조헌
휘하 의병 700명뿐 아니라 영규대사 휘하 승병 800명도 함께 싸
웠습니다. 이를 감안한다면 '천오백의총'으로 부르는 것이 적절한
데 '칠백의총'으로 이름이 지어지면서 영규대사와 800명의 스님

은 묻혀졌습니다. 비록 숭유억불 정책에 따라 스님들이 차별당했지만 그들 역시 나라와 민족의 자주권을 지키고자 싸웠는 데 말입니다. 이 때문에 오늘날까지도 불교계를 중심으로 칠백의총의 이름을 바꿔야 한다는 목소리가 꾸준히 나오고 있습니다.

✖ 이치 전적지

칠백의총을 뒤로 하고 전주를 향해 서남쪽으로 가봅시다. 금성면에 이르러 구불구불한 산길(국도 17호선)이 시작되는데 이 길이 바로 금산에서 호남으로 넘어가는 길목인 배티재(이치)고갯길입니다. 가파른 고갯길을 따라가다 보면 충청과 호남 사이에 우뚝 솟은 명산인 대둔산의 아름다운 절경이 펼쳐집니다. 이 고갯길이 임진왜란 때 치열한 전투가 벌어진 전적지였다니 묘한 기분이 듭니다.

전투 당시 배티재 방어선은 권율 장군과 황진 장군이 공시억, 위대기, 황박 의병장 등과 함께 지키면서 아군 병력의 열 배가 넘는 왜군에 맞서 치열한 방어전을 벌였습니다. 이치전투에서 황진 장군은 나무에 의지해 벼랑을 타고 오르는 왜군에게 활을 쏘아 백발백중으로 쓰러뜨렸으며 근접전에서는 일본도 두 자루를 뽑아 들고 왜군을 수없이 베었지요. 우리 군대는 배티재고개 정상에서 화포를 쏘아 수많은 왜군을 쓰러뜨렸습니다. 그러다가 황진

이치 전적지 표지석과 황진 장군 이치전투 기념비

장군이 총탄에 맞아 부상당하고, 의병장 황박도 전사하고 말았습니다. 이에 사기가 높아진 왜군이 1차 방어선을 돌파하고 우리 군대를 더욱 강하게 몰아붙였으나 권율 장군은 도망치는 병사들을 직접 베고 최전선에서 싸우는 장병들을 독려하며 왜군의 맹렬한 공격을 막아냈습니다. 결국 여러 차례의 공격에도 불구하고 우리 군대의 완강한 저항으로 이치 방어선을 뚫지 못한 왜군은 전의를 상실하고 금산으로 퇴각했습니다.

임진왜란 당시 격전지였던 만큼 배티재고갯길에는 금산군과 완주군에서 자체적으로 조성한 이치대첩지가 곳곳에 보입니

배티재 정상에서 바라본 고갯길

다. 하지만 이치전투 현장을 가장 잘 관망할 수 있는 곳은 대둔산 휴게소입니다. 이곳에서는 대둔산 절경뿐 아니라 전투가 벌어진 현장도 한눈에 볼 수 있습니다. 이치전투의 전개 과정을 설명한 안내문과 황진 장군, 황박 의병장을 기리는 비석도 조성되어 있어 이치전투를 이해하는 데도 도움이 됩니다.

　　대둔산휴게소에서 금산 방향으로 험준한 고갯길을 내려다보면 이곳이 조선시대에 호남으로 들어가는 길목이자 왜군을 막기에도 좋은 전략적 요충지임을 알 수 있습니다. 이치전투 당시 우리 군대는 고갯마루에 지휘소를 차리고 고개 곳곳마다 목책을 쌓아 방어선을 구축했습니다. 그러고는 고지대를 이용해 화포를 발사하며 왜군에 맞섰습니다.

이치전투는 호남을 지켜내고 전쟁의 국면을 뒤바꾼 중요한 전투입니다. 하지만 한산도대첩이나 진주성전투, 행주대첩 등 다른 대첩에 가려져 잘 알려지지 않았습니다. 그래서인지 배티재고갯길의 전적지 설명이나 기념비 등이 다른 전적지에 비해 빈약한 편입니다. 그나마 영화 〈한산〉에서 한산도대첩과 더불어 웅치·이치전투를 묘사해 알려지기 시작했고 이에 맞추어 이치 전적지를 찾는 사람도 많아졌습니다.

✠ 전주성

배티재고갯길을 따라 서남쪽으로 45분 정도 달리다 보면 산길이 끝나고 완주군에 다다릅니다. 여기서 좀 더 안으로 들어가면 조선시대 호남의 중심 도시이자 전라북도 최대 도시인 전주에 도착합니다. 현재는 남문인 풍남문만 남아있는 전주성은 보통 갑오농민전쟁 당시 농민군이 황토현에서 관군을 무찌른 뒤 무혈 입성한 장소로 기억됩니다. 하지만 전주성 역시 임진왜란 전적지 중 하나입니다.

7월 8일, 웅치 방어선을 겨우 돌파한 왜군이 전주에 당도했으나 64세의 늙은 선비 이정란이 성 방어전을 이끌고 전라감사 이광이 기만술을 펼쳐 성을 지켜냈습니다. 전주성을 큰 희생 없이 지켜낸 것은 웅치전투에서 목숨을 다해 싸운 호남 군민의 투쟁뿐만 아니라 전주성 군민들의 지혜와 용기 역시 큰 역할을 했습니다.

19세기에 제작된 전주부지도

먼저 전주성의 중심지인 전라감영을 돌아봅시다. 전라감영 앞에 가보면 '호남이 없으면 나라도 없다若無湖南, 是無國家'라는 문구가 새겨져 있는데 호남을 지키기 위한 우리 민족의 정신이 한 마디로 함축된 것으로 보여집니다.

전라감영에서 남쪽으로 걸어 나오면 풍남문이 웅장하고 화려한 위용을 뽐내고 풍남문 광장에서 동쪽으로 걸어가면 전주성 성벽을 허물 때 나온 석재로 건축한 전동성당(사적 제288호)과 조선 왕실의 발원지이자 태조 이성계의 초상화인 조선태조어진(국보 제317호)을 모신 경기전(보물 제1578호)이 마주 보고 있습니다.

경기전의 거대한 모습과 안에 모셔진 조선 왕조 건국 시조 이성계의 어진, 조선의 공식 역사서인《조선왕조실록》을 보관하던 사고를 보노라면 조선시대 전주의 위상이 온몸으로 느껴집니다. 전주는 과연 조선 최대 곡창 지대의 중심 도시일 뿐만 아니라 조선 왕조의 성지聖地였습니다.

말도 많고 탈도 많은 조선이지만 백성의 힘으로 지켜냈기에 전주성 안의 조선태조어진과《조선왕조실록》도 무사했습니다. 또

전라감영 선화당과 '약무호남 시무국가' 표지석

전주성 남문 풍남문

경기전과 내부의 조선태조어진(출처: 전주사고)

한 정유재란 때 전주성이 함락당해 경기전이 불타 버리는 수모를 겪었지만 백성의 항이 있었기에 조선태조어진과 《조선왕조실록》은 다른 곳✱에 옮겨져 오늘날까지 전해올 수 있었습니다.

전주 곳곳에 자리 잡은 유적과 여러 이야기를 접하며 '나라로부터 받은 은혜도 없으면서 위기가 닥치면 떨쳐 일어나는 독특한 유전자를 가진 민중들'이라는 표현이 참으로 와닿습니다.

✱ 《조선왕조실록》은 안의와 손홍록의 노력으로 1593년 정읍 내장산으로 옮겨졌다가 정유재란 때 아산으로 옮겨졌고, 이후 강화도, 황해도 해주, 평안도 묘향산 등을 거쳐 1618년에 무주 적상산 사고에 보관됩니다. 조선태조어진 역시 묘향산으로 옮겨졌다가 전쟁 후 경기전이 개건되면서 다시 돌아와 봉안되었습니다.

✠ 웅치 전적지

전주 시내를 뒤로 하고 26번 국도를 따라 동쪽으로 가봅시다. 이내 구불구불하고 험한 산길이 나옵니다. 이 길이 바로 곰티재(웅치)고갯길입니다. 곰티재 주변으로는 '호남 지방의 지붕'이라고 불리는 진안고원이 펼쳐져 있습니다. 전적지에 가까워질수록 비포장도로(옛 곰티재길)가 이어져 상당히 긴장하며 차를 몰아야 합니다.

입구에서 5분 정도를 걸으면 웅치 전적지 기념비가 솟아있는 고개 정상에 다다릅니다. 이곳 역시 험준한 지형으로 배티재만큼 중요한 전략적 요충지임을 알 수 있습니다.

웅치전투 당시 이곳에는 의병장 황박, 나주판관 이복남, 김제군수 정담, 해남군수 변응정이 군대를 이끌고 방어선을 촘촘하게 짜았습니다. 이들은 지형적 유리함을 바탕으로 진안고원 쪽에서 쳐들어오는 1만 명의 왜군에 맞서서 치열한 전투를 벌였습니다. 그러나 오후가 되어 화살이 떨어지자 이때를 노린 왜군이 총공세를 펼치면서 상황이 불리해졌습니다. 1차 방어선에서 싸우던 이복남이 이끄는 부대는 후퇴했고 정담과 변응정은 마지막 방어선에서 끝까지 싸우다가 장렬히 전사했습니다. 하지만 우리 군대는 웅치에서 왜군에게 큰 타격을 주었고, 왜군 역시 우리 군대의 항전에 적잖은 감명을 받아 전투 이후에 전사한 장병들의 시신을 모아 안장하고는 '조선의 충성심과 의로운 담력을 기린다忠肝義膽'

웅치 전적지

는 푯말을 써서 추모했다고 합니다.

　왜군은 천신만고 끝에 웅치 방어선을 뚫고 전주성까지 갔으
나 이정란 의병장의 기만술과 전주 군민들의 투쟁에 더 이상 나
아갈 수 없었습니다. 이미 곰티재에서 큰 피해를 입어 전력을 많
이 소모한 상황이었기에 전주성 공략을 포기하고 후퇴해야만 했
지요. 그때 안덕원에서 진을 치고 있던 판관 이복남, 황진 장군의
군대가 후퇴하는 왜군을 기습해 궤멸시켰습니다.

웅치 전적지 주변으로 펼쳐진 험한 고개 사이에 잠들어있을 정담, 변웅정 두 장군과 호남 군민들을 생각하면 절로 고개가 숙여집니다. 하지만 이치 전적지에 비해서 기념비나 설명이 빈약합니다. 이치전투 못지않게 웅치에서의 항전도 의의가 큰 데 말입니다. 열악한 웅치 전적지의 모습에서 그동안 얼마나 웅치·이치전투와 그 의의가 제대로 알려지지 않았는지 다시 생각해보게 됩니다.

그나마 2022년 진안군과 웅치 백성들의 노력으로 이곳이 사적으로 지정되어 다행입니다. 진정으로 임진왜란을 제대로 보고 조상들의 정신을 계승하고자 한다면 잘 알려진 명장과 전투만이 아니라 우리 주변에 잠든 전적지와 이름 없는 영웅들을 발굴하고 기리는 것이 중요하니까요.

가족 전체가 의병 투쟁에 가담한
고경명 집안

호남에서 처음으로 의병 투쟁의 깃발을 든 고경명 의병장은 담양에서 6,000명 규모로 의병부대를 조직했습니다. 처음에는 나주의 김천일 의병부대와 함께 한양으로 진격해 왜군을 무찌르고 수도를 탈환할 계획을 세웠으나 왜군이 호남을 침공한다는 소식이 전해지자 계획을 바꿔 호남 관군과 함께 왜군의 침략 근거지인 금산을 공격해 눈벌전투를 벌였지요. 아쉽게도 고경명 의병장은 유학자라서 군사적 재능이 떨어졌고 그 결과 눈벌전투는 실패로 돌아갔습니다. 고경명 의병장 역시 이 전투에서 최후를 맞이했으나 그가 처음 지핀 의병 투쟁의 불씨는 들불처럼 호남 각지로 퍼져나가 전쟁 승리의 중요한 밑거름이 되었습니다.

고경명 의병장의 의병 투쟁에는 온 가족이 함께했습니다. 아들인 고종후·고인후 형제는 아버지를 따라 의병 투쟁에 나섰으며 이 중 둘째 아들 고인후는 금산에서 아버지와 최후를 함께했습니다. 큰아들 고종후는 아버지와 아우의 시신을 수습해 고향에서 장례를 치른 뒤 아버지와 아우의 뜻을 이어 '복수 의병장'을 자처하며 다시금 의병 투쟁에 나섰습니다. 최경회, 김천일 등 다른 호남 의병부대와 함께 의병 투쟁을 이어가던 고종후 의병장은 2차 진주성전

고경명 의병장을 모신 광주 포충사   고경명 의병장 영정

투 때 진주성 군민과 함께 싸우다가 최후를 맞이했습니다.

고경명 의병장의 사위도 의병 투쟁을 벌이다가 전사했으며, 남편의 전사 소식을 들은 고경명 의병장의 맏딸도 자결하며 충절을 지켰습니다. 고경명 의병장 집안의 노비였던 봉이와 귀인도 고경명·고종후 의병장을 따라 왜군과 맞서 싸우다가 진주성에서 최후를 마쳤습니다. 말 그대로 온 집안이 '의병 투쟁 일원'이었다 해도 과언이 아니며 개인과 가정의 안락과 행복보다 나라와 민족을 우선했던 고귀한 삶이 그대로 느껴집니다. 조정에서도 고경명 집안의 의병 투쟁에 대해 높이 평가해 1601년 고경명 의병장의 고향인 광산에 포충사를 세워 그들을 기렸습니다.

북관대첩, 가장 차별받던
이들이 나라를 지키다

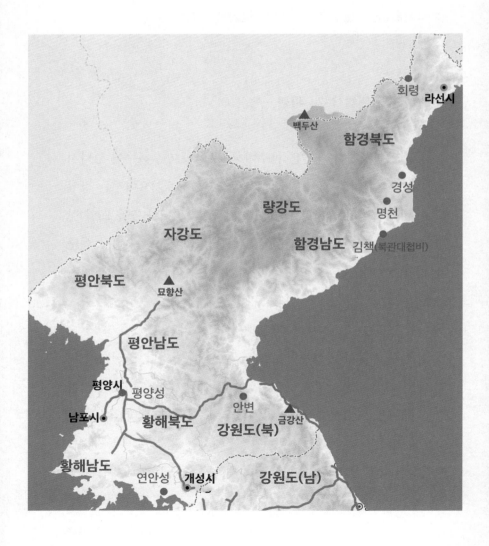

의병 투쟁은 삼남 지방뿐 아니라 우리나라 최북단 함경도에서도 불길이 번졌습니다. 애석하게도 북관대첩이 벌어진 현장인 함경북도 일대는 직접 찾아가 볼 수 없고 그저 위성 사진과 북에서 찍은 유적 사진을 통해 간접적으로밖에 느낄 수 없습니다. 경원선 기차를 타고 함경도에 가서 북관대첩 현장을 답사하는 모습을 상상해 보며 하루빨리 그날이 오기를 바랍니다.

✖ 북관대첩 전개 과정

한양을 점령한 왜군은 파주에서 두 방향으로 나누어 고니시 유키나가는 개성을 거쳐 평양으로 향했고, 가토 기요마사는 강원도 이천과 마식령을 거쳐 함경도로 쳐들어갔습니다. 7월 18일 함경도 관군은 정예 기병대를 이끌고 해정창(함북 김책시)에서 왜군을 타격했으나 가토 기요마사가 이끄는 2번대 침략군을 막지는 못했습니다.

함경도는 조선시대에 가장 차별받고 억압받던 지역이었습니다. 물론 처음부터 차별받는 지역은 아니었습니다. 조선 왕조를 연 태조 이성계가 함경도 중심지인 함흥에서 태어나 이곳을 기반으로 세력을 확장한 터라 일찍이 함경도는 전주와 더불어 조선 왕조의 발상지로 여겨졌습니다. 조정에서는 왕조의 발상지라는 상징성과 국토 최북단 주요 국경 지대라는 중요성을 내세워 세종 때 두만강 일대에 6진을 개척했고, 삼남 지방에 살던 백성들을 이주시켜 살게 하면서 부역 면제, 관직 등용 등의 혜택을 주었지요.

조선 후기 그려진 창의토왜도(출처: 고려대학교박물관)

그러나 함경도는 산지가 많은 척박한 환경에다가 혹독한 기후 탓에 농사를 짓기 어려웠고 걸핏하면 여진족이 두만강을 건너와 마을을 약탈했기에 남쪽 백성들은 사람 살 곳이 못 된다며 함경도로 이주하기를 꺼렸습니다. 이에 더해 함경도 개척을 맡은 김종서 장군이 수양대군(세조)에 숙청당한 일과 이징옥의 난이 연달아 발생하면서 조정의 함경도에 대한 인식이 점차 나빠졌습니다. 함경도 이주민에 대한 혜택도 점차 사라졌고 함경도 백성에 대한 조정의 착취와 억압은 더욱 강해졌습니다. 조정의 오랜 차별과 억압 속에 함경도민의 불만은 점점 높아졌습니다.

이런 와중에 임진왜란이 터지고 조정은 한양을 버리고 북쪽으로 피난을 떠났습니다. 조정에서는 임해군과 순화군을 함경도에 파견해* 의병 투쟁을 독려하고 군사를 모았습니다. 그러나 두 왕자는 전쟁 전부터 왕자 신분을 악용해 갑질과 폭정을 일삼았고 전시 상황에서도 임무를 수행하기는커녕 지방관과 백성을 괴롭혔습니다.

예전부터 차별받고 착취당해 불만이 쌓였는데 전쟁이 벌어졌는데도 두 왕자가 행패까지 부리자 함경도민의 불만은 최고조에 달했습니다. 결국 국경인과 국세필은 가토 기요마사가 이끄는 2번대 침략군이 쳐들어왔을 때 회령에서 백성들을 선동해 반란을 일으켰고 임해군과 순화군을 가토 기요마사에게 바치고 투항했습니다. 조선에서 가장 넓은 지역이 무능한 두 왕자의 횡포로 한꺼번에 왜군에게 넘어가 버린 것입니다.

왜군 치하 함경도 백성들의 삶은 더욱 피폐해졌습니다. 안 그래도 험준한 지형으로 교통도 불편한데 우리 수군과 의병들의 항쟁으로 왜군의 보급로가 끊겨버리자 굶주린 왜군들이 마을을 약탈하고 백성들을 학살하는 만행을 저질렀기 때문입니다. 여기에 국경인, 국세필, 정말수 등의 친일 매국노들은 왜군에 의지해 관리들과 백성들에게 횡포를 부렸고 자신들의 부역 행위를 돕지 않는다면 죽여버리겠다고 협박도 했습니다. 결국 함경도민들은 강제로 왜군과 매국노들에게 부역을 해야 했지요. 설상가상으

✽ 정확히는 임해군이 함경도에 파견되었고, 순화군은 강원도에 파견되었으나 이미 왜군에 함락당하면서 함경도로 이동해 임해군과 합류했습니다.

로 가토 기요마사가 왜군을 이끌고 두만강을 건너 여진족 마을을 침략했다가 오히려 큰 피해를 입었고 이 여파로 여진족까지 쳐들어와 약탈을 일삼으며 상황은 더욱 나빠졌습니다.

그러나 탄압과 억압이 있는 곳에는 항쟁이 일어나는 법입니다. 반격의 조짐은 시시각각 찾아오고 있었습니다. 왜군과 매국노들의 만행에 분노한 함경도민들이 하나둘 의병을 조직해 항전에 나선 것입니다. 함경도에서 가장 먼저 의병 투쟁의 기치를 든 인물은 정문부 의병장이었습니다. 최배천, 이붕수, 정현룡 등 함경도의 뜻있는 선비들과 유지들은 함경도 강점 이후 초야에 묻혀 있던 정문부를 찾아 의병 투쟁을 일으킬 것을 논의했습니다. 이후 함경도북병사로 추대된 정문부는 수백 명의 규모로 의병 투쟁을 시작했습니다. 정문부 의병부대의 궐기 소식을 듣고 왜군과 매국노들에 시달리던 여러 고을의 백성들도 이에 호응해 어느새 의병부대는 3,000명에 육박했습니다.

정문부 의병부대는 9월 16일 경성을 해방하고, 매국노 국세필의 횡포에 부역 행위를 강요받던 경성 백성들에게 과거를 반성하고 나라와 민족의 자주권을 위해 싸울 기회를 주었습니다. 경성 백성들은 새로운 결의를 다지며 앞다투어 정문부 의병부대에 동참했고 국세필을 따르던 부역자들의 수는 크게 줄었지요. 겁에 질린 국세필은 정문부 의병부대에 협력하는 척하며 경성에 왜군을 끌어들여 정문부 의병부대를 궤멸시킬 수작을 부렸습니다. 그러나 정문부 의병부대가 기병을 이끌고 경성으로 오던 왜군을 궤멸시키면서 국세필의 발악도 수포가 되었습니다. 마침내 정문부 의병부대는 매국노 국세필과 13명의 반역자들을 민족의 이름으로 처단했습니다.

국세필이 처단되었다는 소식은 함경도 전역에 퍼졌고 이에 더 많은 함경도민이 용기를 얻어 의병 투쟁에 떨쳐나섰습니다. 회령에서도 유생 오윤적과 그의 동지들이 매국노 국경인과 부역자들을 처단하고 의병 투쟁에 동참했습니다. 의병부대 규모가 크게 늘어나자 정문부 의병부대는 본격적으로 함경도 해방을 위한 투쟁에 나섰습니다. 정문부 의병부대는 기병 60여 명을 이끌고 명천을 기습해 백성들을 탄압하던 매국노 정말수를 처단하고 이 지역을 해방했습니다. 10월 30일에는 길주를 근거지로 주변 고을을 약탈하던 왜군을 무찌르기 위해 매복 병력 20여 명과 기병대 300명이 길주 동쪽 장덕산 돌고개에 매복했습니다. 이들은 1,000명 가량의 왜군이 나타나자 기습을 감행했고, 갑작스러운 의병부대의 공격에 당황한 왜군은 조총을 쏘며 반격을 시도했으나 함경도 정예 기병들의 치고 빠지는 전술에는 속수무책이었습니다.

전투에서 패한 왜군은 장덕산으로 도망쳤습니다. 그러나 정문부 의병부대가 장덕산 정상을 선점한 상황이었습니다. 의병부대는 고지에서 산 아래 왜군에게 화포를 쏘아 불벼락을 내렸고, 기병들은 내리막길로 돌격하며 왜군을 가차 없이 짓밟았습니다. 겨우 살아남은 왜군이 장덕산 골짜기로 피한 10월 말은 매서운 동장군이 찾아온 때였습니다. 밤중에 폭설과 강추위가 불어닥치

경성성과 길주성

자 추위에 약한 왜군은 골짜기에 갇힌 채 얼어 죽는 자가 속출했습니다. 마침내 정문부 의병부대가 산 주변을 완전히 포위한 뒤 산에 불을 지르면서 남아있던 패잔병 600여 명도 모두 불타 죽었습니다. 이 전투가 바로 북관대첩에서 가장 큰 승리인 장덕산(정평)전투입니다.

장덕산전투에서 대승을 거둔 정문부 의병부대는 왜군의 심장부인 길주성을 포위하고 여러 차례 타격을 주는 한편 12월에는 마천령 아래 영동관책성에서 노략질을 벌이던 왜군 400여 명을 마천령 돌고개에서 습격해 궤멸시켰습니다. 이를 쌍포대첩이라고 부릅니다. 이미 군량이 다 떨어진 데다 정문부 의병부대의 활약으로 보급로까지 끊겨버렸고 혹독한 함경도 겨울 날씨까지 이어지면서 성안의 왜군은 굶어 죽거나 얼어 죽는 자가 9,000명에 달했습니다.

결국 가토 기요마사는 함경도 강점을 더는 이어 나갈 수 없다고 판단하고 1593년 1월 길주성을 비우고 함경도 최남단 안변으로 도망쳤습니다. 2월 말에는 안변에서도 철수하며 함경도를 완전히 포기했지요. 정문부 의병부대는 이를 놓치지 않고 남쪽으로 도망치는 왜군을 추격해 타격을 더했습니다. 이렇게 해서 북관대첩은 정문부 의병장과 함경도민들의 대승리로 끝났습니다. 그야말로 가장 차별받던 이들이 나라와 민족의 자주권을 지키고자 떨쳐일어나 함경도를 되찾은 위대한 승리였습니다.

✠ 북관대첩비

북관대첩의 대표적인 유물인 북관대첩비(북 국보 제193호)는 숙종 때인 1709년에 함경도북평사 최창대가 정문부 의병부대의 북관대첩을 기려 세웠습니다. 높이 1.87미터, 너비 0.66미터인 이 비석에는 정문부 의병장과 함경도민들의 의병 투쟁에 대한 내용이 1,500여 자에 걸쳐 기록되어있습니다.

이 비석 역시 수난을 피하지 못했는데 러일전쟁 시기인 1905년 일본군 사단장이 이 비석을 발견하고는 몰래 강탈해고, 일본으로 빼돌려진 이 비석은 '러일전쟁의 전리품'이라는 명목으로 야스쿠니 신사 안 외진 곳에 방치되었습니다. 심지어 비석 주변에 철조망을 치고 비석 상단에 무거운 바윗돌까지 올려놓아 함

북관대첩비

경도에서 참패한 자국의 역사를 부정하려 했지요. 일본 유학 중에 이 사실을 알게 된 조소앙 선생은 〈대한흥학보〉에 일제의 북관대첩비 강탈을 폭로하는 글을 올려 강력히 성토했습니다. 하지만 조국이 일제의 식민 지배하에 놓여있던 당시 상황에서는 뾰족한 수가 없었습니다.

　해방 후에도 북관대첩비는 잊힌 채로 야스쿠니 신사에서 오욕의 세월을 보냈습니다. 그러다가 1978년 재일동포 학자 최서면이 조소앙의 글을 읽고 야스쿠니 신사 경내에 방치되던 이 비석을 발견해 박정희 정부에 알렸습니다. 이에 정부는 일본 정부에 반환을 요청했으나 반환은 이루어지지 않았지요. 그러나 일본 내에서도 가키누마 센신 스님을 비롯한 양심 있는 이들에 의해 북관대첩비를 우리나라에 돌려줄 것을 요구하는 운동이 벌어졌고 야스쿠니 신사로부터 '남북이 합의하고 일본 정부가 요청하면 비석을 돌려줄 수 있다'는 답변을 얻어냈습니다.

2000년대에 이르러 남북 불교계가 힘을 합쳐 본격적으로 반환을 추진했습니다. 불교계가 힘을 모으자 남과 북의 정부도 힘을 모아 일본 정부에 공식으로 반환 요청을 했습니다. 2005년 10월 20일, 마침내 북관대첩비는 고국에 되돌아와 잠시 동안 서울에서 전시되었고, 2006년 3월 고향으로 돌아갔습니다. 현재 북관대첩비는 함북 김책시 림명리에 다시 세워져 북관대첩의 위대한 역사를 알려주고 있습니다.

북관대첩비 강탈 일화 역시 일제가 우리 민족의 민족의식을 말살시키고자 수단과 방법을 가리지 않았던 실상을 보여줍니다. 하지만 남과 북, 해외 동포와 동북아시아의 평화를 바라는 일본의 양심 세력까지 힘을 합쳐 비석을 돌려받은 것에서 바른 뜻으로 힘을 합치면 그 어떤 어려운 문제도 해결하지 못할 것이 없다는 평범하고도 명쾌한 진리를 느낍니다.

북관대첩의 위대한 승리자
정문부

임진왜란 당시 북관대첩을 이끌었던 정문부 의

병장은 타고난 무인은 아니었으나 뛰어난 문장과

청렴한 인품으로 많은 사람에게 존경을 받았습니

다. 1588년 문과에 급제해 관직의 길에 나섰고,

전쟁 직전인 1591년에 함경도병마평사에 임명되

어 함경도 일대를 순찰하는 임무를 맡았지요. 그러

나 1년 뒤에 전쟁이 터지고 임화군·순화군 두 왕

자의 횡포와 국세필·국경인 등 매국노들의 농간

으로 함경도 전역이 왜군의 수중에 떨어지자 그는

왜군에 맞서 싸우다가 총탄에 맞습니다.

정문부 의병부대의 활약을
소재로 그린 북녘의 그림책
《관북의병장 정문부》

정문부는 상처도 회복할 겸 왜군과 매국노들의 눈을 피해 한 백성의 집에

은거했습니다. 그러다가 뜻있는 함경도민들이 그에게 의병 투쟁을 일으킬 것

을 제안했고 그는 흔쾌히 나섰습니다. 마침내 함경도민들에 의해 함경도북평

사에 추대된 정문부 의병장은 함경도를 되찾고자 의병 투쟁을 벌였고 결국

북관대첩의 위대한 승리를 이끌어냈습니다.

그러나 정문부 의병장은 생전에 그 공로를 제대로 인정받지 못했습니다. 함경도순찰사 윤탁연이 그의 활약을 시기해 조정에 제대로 보고하지 않고 자신의 공으로 바꾸었기 때문입니다. 가까스로 정문부 의병장은 북관대첩에 대한 공로로 영흥부사에 임명되었으나 관직 자체에 관심이 없던 터라 얼마 못가 그만두고 고향으로 돌아갔습니다.

전쟁 이후로도 정문부 의병장의 삶은 순탄치 않았습니다. 광해군 때는 정권을 잡은 북인들이 '역적 임해군을 죽이지 않고 살려주었다'고 모함을 하는 바람에 고초를 당했고, 인조 때인 1624년 이괄이 함경도를 중심으로 반란을 일으켰을 때도 간신들은 그를 반군과 내통했다고 모함하며 모진 고문을 가했습니다. 정문부 의병장은 옥중에서 한 많은 생을 마감했지요.

비록 생전에는 공로도 인정 못 받고 억울하게 죽음을 맞이했지만 정문부 의병장의 공과 인품은 함경도 온 백성이 기억하고 있었으며 함경도민들은 정문부 의병장의 명예 회복을 위해 힘썼습니다. 그가 세상을 떠난 지 40여 년 뒤인 1665년(현종 6년) 함경도민들의 탄원으로 마침내 정문부 의병장은 명예를 회복하고 공로도 인정받아 우찬성 대제학에 추증되었고 경성, 부령, 진주 등지의 사당에도 모셔졌습니다. 숙종 때인 1704년에는 정문부 의병장과 함경도민들의 투쟁을 기린 북관대첩비가 승리의 현장인 길주에 세워졌습니다.

4부

반격의 서막

경상도에서의 항전과
비격진천뢰

수군과 의병의 활약에 힘입어 우리 군대는 반격의 교두보를 구축해 나갔습니다. 그리고 마침내 방어전에서 왜군에 점령당한 국토를 되찾고 왜군을 남쪽으로 몰아냈습니다. 이번 답사 여행에서는 영천, 경주, 평양, 행주산성, 진주 등 우리 민족이 왜군을 무찌르고 국토를 되찾은 현장을 함께 돌아볼 것입니다.

경상우도에서 곽재우 의병부대를 비롯한 의병들이 왜군의 수송로를 교란하고 많은 고을을 되찾자 경상좌도에서도 반격의 불씨가 타오르기 시작했습니다. 그러자ㄱ 왜군이 강점하던 영천, 경주 등 수많은 지역을 회복했고 해당 고을의 관군과 의병들이 더 많이 조직되어 반격의 기반을 튼튼히 구축할 수 있었습니다. 또한 한양에서 부산으로 가는 동쪽 길을 확보하게 되면서 조정과 지역 간의 연계가 더욱 원활해졌고 왜군은 또 하나의 보급로가 끊어지며 곤경에 처했습니다.

✠ 경북 영천시

먼저 영천전투의 현장인 경북 영천부터 찾아가 봅시다. 대구광역시의 위성도시 중 하나인 영천은 주변이 산들이 둘러싸여 있고 시내 가운데로 금호강이 흐르는 분지 지형으로 대구에서 4번 국도를 따라 동쪽으로 1시간 정도 달리면 도착합니다.

영천은 경상도에서 경주와 안동을 연결하는 주요 요충지로 당시 후쿠시마 마사노리가 이끄는 5번대 침략군 휘하 병력 1,000여 명이 근거지로 삼아 경상좌도 일대에서 노략질을 자행했습니다. 이런 상황에서 권응수 의병장이 반격의 기치를 들었지요.

경상좌수영 휘하 군관이었던 권응수는 전쟁 초반 경상좌수사 박홍의 무능함으로 경상좌수영 해군이 허무하게 무너지자 그 길로 낙향해 자체적으로 의병을 조직해 왜군에 맞서 싸웠습니다. 그러다가 경상도초유사 김성일이 권응수를 경상좌도 의병장으로 공식 임명하면서 경상좌도의 의병 투쟁이 본격화되었습니다. 권응수는 정세아, 정대임 의병장과 함께 영천, 하양, 신령 등 경상좌도 10개 고을의 의병을 규합해 3,960명의 부대를 조직했습니다. 이 부대를 '창의청용군'이라고 부릅니다.

7월 24일 권응수 의병장은 창의정용군을 이끌고 왜군이 주둔한 영천성을 공격했습니다. 사흘 동안의 대치 끝에 권응수 의병부대는 7월 27일 영천 지방 특유의 계절풍인 '건들매'를 이용해 마현산에서 성안으로 화공을 전개하여 승기를 잡았습니다. 성안 곳곳에 불이 번지고 무기고까지 불길이 닿아 폭발하면서 수많은 왜군이 폭사하고 불타 죽었습니다. 왜군은 서북문을 통해 도망쳤지만 미리 대기하고 있던 권응수 의병부대의 기습을 받아 궤멸했습니다. 영천성에서 살아서 도망친 왜군은 수십 명에 불과했습니다.

이 전투로 권응수 의병부대는 영천을 수복했고 수급 517두, 무기 900여 점을 노획하고 포로 1,000여 명을 구출하는 전공을 세웠습니다. 영천성을 빼앗긴 왜군은 경상좌도 침략을 중단하고 상주와 경주로 도망칠 수밖에 없었지요. 교통 요충지인 영천이 해방되면서 의병과 관군 역시 경상좌도 전체를 수복할 기반을 마련할 수 있었습니다.

오늘날 안타깝게도 전투가 벌어졌던 영천성은 역사의 풍파 속에 사라져 흔적조차 찾기 어렵습니다. 그저 금호강변 절벽에 자리 잡은 조양각과 영천초등학교 교정에 있는 영천성 기념비만이 이곳에

1882년에 제작된 영양복성도

성이 있었다는 사실을 알려줄 뿐입니다.

아쉬운 마음을 뒤로한 채 영천 시내 북쪽의 야트막한 야산인 마현산에 올라가 보면, 권응수 의병부대가 왜군을 무찔렀던 현장인 마현산은 근린공원으로 꾸려져 영천시민들의 산책로 겸 휴식 공간으로 쓰이고 있으며 산 중턱은 한국전쟁 당시 국군이 인민군대를 물리치고 영천을 수복했다는 영천지구전투를 기념한 호국기념관이 조성된 것을 볼 수 있습니다.

영천 시내가 한눈에 내려다보이는 마현산전망대에서 권응수 의병부대가 어디에서 성을 향해 화공을 펼쳤을지 상상해 봅시다. 아쉬운 점이라면 전망대 자체는 영천지구전투에만 주목하고

금호강변에 위치한 조양각

마현산전망대에서 바라본 영천 시내

있고 임진왜란 시기 권응수 의병부대의 영천 탈환은 거의 다루지 않고 있다는 사실입니다. 전시실 내부의 '영천의 호국 역사' 부분에 권응수 의병부대에 대한 설명이 있지만 영천전투의 의미를 생각하면 너무 빈약합니다.

명색이 '호국의 고장'이라지만 한국전쟁에만 주목하고 임진왜란에는 큰 비중을 두지 않는 마현산전망대의 전시 내용을 보니 쓸쓸한 마음을 감출 길이 없습니다.

✜ 경주성

영천을 떠나 동남쪽으로 내려가 봅시다. 경부고속도로나 4번 국도를 타고 45분 정도를 달리면 경주에 도착합니다.

학창 시절 수학여행이나 사학과 학술답사로 자주 가던 경주는 보통 '신라의 천년 고도'라는 인식이 강하지만 역사를 살펴보면 경주 역시 외세의 침입에 맞서 치열한 싸움이 벌어진 고장입니다. 고려 대몽 항쟁 시기에는 몽골군이 쳐들어와 황룡사를 불태웠고 고려시대 말기에서 조선시대 초기 왜구의 침입이 극심할 때도 경주 군민들은 왜구를 여러 차례 무찌른 바 있습니다.

임진왜란 때도 경주는 격전지였습니다. 임진왜란 초반 영남 지방이 무너질 때 경주 역시 왜군의 수중에 넘어갔고, 왜군은 불국사를 비롯한 역사 깊은 유적들을 불태우고 수많은 문화재를 강탈해갔습니다. 그러다가 박진, 권응수, 정세아, 박의장 등이 이끄는 의병부대가 두 차례에 걸쳐 탈환을 시도했고 마침내 두 번째 전투에서 신무기 비격진천뢰를 이용해 왜군을 무찌르고 경주를 탈환할 수 있었지요.

경주성전투에 대해 살펴봅시다. 8월에 새롭게 경상좌도병마사에 임명된 박진 장군은 경주성을 탈환할 계획을 세우고, 경주 인근 안강에 권응수, 정세아가 이끄는 5,000명의 의병부대와 경상좌도 관군을 집결시켜 총 1만 명의 병력을 모았습니다. 박진 장군은 의병장 권응수, 경주판관 박의장을 선봉으로 삼아 8월 20일 밤 경주성을 공격했습니다.

박진, 권응수 등이 이끄는 관군·의병 연합군은 경주성을 포위하고 화공을 벌였습니다. 하지만 언양 일대에 있던 후쿠시마 마사노리 휘하 왜군이 급습하는 바람에 박진 장군은 공성을 중단하고 안강으로 퇴각했습니다.

안강에서 부대를 수습한 박진 장군은 9월 7일 밤 다시 경주성을 공략했습니다. 이때 우리 군대는 새로운 신무기를 동원했는데 바로 비격진천뢰입니다. 박진 장군은 경주성으로 비격진천뢰를 포격했습니다. 처음 보는 쇳덩이가 성안으로 날아오자 왜군은 이를 신기해하며 구경하다가 잠시 후 그 쇳덩이가 꽝음을 내며 폭발하자 그 자리에서 죽음을 맞았습니다. 주변은 완전히 쑥대밭이 되었고 폭발에 휘말려 30명이나 즉사했으며 살아남은 왜군은 기겁해 경주성을 버리고 울산 서생포로 도망쳤습니다. 신무기 한 방으

경주성 향일문

로 경상좌도의 중심 고을을 되찾은 것입니다.

경주성을 답사하기 앞서 경주 시내에 있는 경주문화원부터 둘러봅시다. 옛 경주부 관아(경북 지정문화재 177호)를 개조해 역사관(향토사료관)으로 조성한 경주문화원은 경주박물관이 신라시대의 역사만 다룬 것과 달리 고려시대 이후의 경주 역사를 잘 소개하고 있습니다. 특히 조선시대 경주부를 재현한 모형과 경주성전투에 쓰인 비격진천뢰, 대완구, 총통 등의 모형이 잘 전시되어있어 경주성전투에 대한 지식을 쌓는 데 도움이 됩니다.

경주문화원을 나와 동쪽으로 걷다 보면 경주성(사적 제96호)

동쪽 성벽과 동문인 향일문이 우뚝 솟아있습니다. 경주성 역시 일제강점기에 대부분 헐려 동쪽 성벽 일부(50미터가량)만 남았지만 흔적조차 찾기 어려운 다른 지역의 성과 비교하면 보존도 잘된 편이고 복원 공사도 한창 진행 중이어서 다행입니다. 최근에 새롭게 개건된 동문 누각에 오르면 옛 경주 시가지도 잘 보입니다. 평지성이라는 취약성을 보완하고자 성벽 곳곳에 조성한 사각형의 방어 시설 '치'와 성문을 에워싼 '옹성'도 잘 꾸려져 있습니다. 저녁에 와서 보는 동문의 야경 또한 장관입니다.

경주문화원에서 보는 조선시대 경주성 재현도나 새롭게 개건된 동문과 성벽을 보노라면 조선시대 경주부의 위상이 잘 느껴집니다. 신라의 수도였던 황금기에 비해서는 크게 쇠락했지만 여전히 영남 지방의 주요 도시로 중요하게 다루어졌음을 알 수 있지요. 임진왜란 때 이 도시를 백성들의 힘으로 되찾은 의의가 얼마나 큰지도 생각해 보게 됩니다.

세계 최초 시한폭탄,
비격진천뢰

임진왜란 당시 화포장 이장손이 새로 개발한 비
격진천뢰는 무쇠로 된 탄환 안에 화약과 마름쇠를
넣어 살상력을 높였고, 탄환 중간에는 나무 막대에
돌돌 감은 심지(도화선)를 넣어 일정한 시간을 두고
폭발하게 되어있습니다. 말 그대로 세계 최초의 시
한폭탄이었습니다.

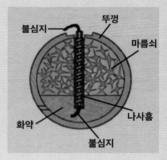

비격진천뢰 내부 구조

비격진천뢰는 일반적인 총통에 넣어 쏘기에는
너무 커서 둥글넓적한 포신을 가진 완구(오늘날 박격포에 해당)에 넣어 발사했
는데, 600~1,000미터 정도를 날아가 착지한 뒤 감아놓은 심지 길이에 따라
시간 차이를 두고 폭발해 왜군에게 큰 피해를 주었습니다. 허공을 가르고 날
아온 쇳덩이가 날아와 언제 터질지 모르게 시간 차를 두고 공격하기 때문에
왜군에게 비격진천뢰는 공포의 대상이나 다름없었습니다. 비격진천뢰는 경
주성전투 때 그 위력을 제대로 과시했습니다. 얼마 지나지 않아 이 무기는 관
군뿐 아니라 의병부대에 널리 보급되었고 웅치·이치전투, 진주성전투 등 여
러 전투에서 활용되었습니다.

황해도에서의 대승리

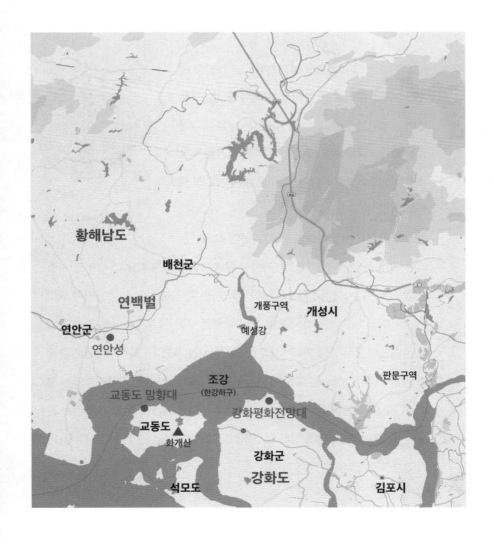

황해도 연안에서 벌어진 연안성전투는 우리에게 잘 알려지지 않은 또 하나의 대첩입니다. 보통 황해도 지방은 경의선을 타고 서울에서 평양으로 갈 때 거쳐 가는 지역으로 생각하기 쉽지만 이곳 역시 중요한 지역입니다. 재령벌, 온천벌, 은률벌 등 드넓은 평야 지대에서 생산되는 곡물의 양이 호남 지방 못지않습니다. 특히 연안군이 자리 잡은 연백벌은 농지가 펼쳐져 있을 뿐 아니라 한강, 임진강, 예성강이 만나는 조강祖江이 있어 삼남 지방에서 올라오는 물품이 한양과 경기도 지방으로 들어갈 때 반드시 통과하는 교통의 요충지입니다.

연안성전투 전개 과정을 먼저 살펴본 뒤 남녘에서나마 연안성전투 현장이 보이는 강화도와 교동도 일대를 중심으로 답사를 떠나봅시다.

✠ 연안성전투 전개 과정

임진왜란 초반에는 왜군이 선조를 추격하는 데만 집중한 터라 황해도 지방은 직접적인 타격을 입지 않았습니다. 그런데 전쟁이 길어지자 왜군은 황해도를 넘보기 시작합니다. 바다에서는 이순신 장군이 이끄는 수군이 왜군의 수륙병진작전을 파탄냈고, 육지에서는 의병들의 투쟁으로 보급로가 끊겨버려 평양을 강점한 왜군의 식량이 나날이 줄었기 때문입니다. 고니시 유키나가는 선조가 있는 의주까지 쳐들어갈 생각은 꿈도 못 꾸고 평양성에 고립되어 기약 없는 군수 물자와 구원병을 기다려야만 했습니다. 특히 조선 최대의 곡창 지대인 호남 침략에 실패하면서 왜군의 식량 부족 사태는 더욱 심해졌습니다.

이런 상황에서 왜군은 조선의 제2의 곡창 지대이자 평양 바로 밑에 있는 황해도를 공략하기로 했습니다. 구로다 나가마사가 이끄는 3번대 침략군 5,000명이 평양에서 출발해 황해도 남부의 요충지인 연안성으로 쳐들어갔지요.

이때 연안성은 황해도초토사 이정암이 지키고 있었습니다. 임진강 방어선이 무너질 때 이정암은 개성유수였던 아우 이정형과 함께 황해도에서 다시 일어날 것을 결의했습니다. 마침 황해도에서는 의병 투쟁의 불길이 타올랐고 연안부사였을 당시 선정을 펼쳤던 이정암이 황해도로 온다는 소식에 황해도 백성들은 이들에게 전적으로 의지하며 이정암을 의병장으로 추대했습니다.

"여기가 바로 내가 죽을 곳이다."

1,400명 규모로 조직된 이정암 의병부대가 연안성을 중심으로 본격적으로 활동하기 시작했습니다. 연안부사로 있었던 신각 장군이 조헌 의병장의 건의를 받아들여 연안성을 튼튼히 구축했는데, 이정암 의병장은 여기에 더해 방어 시설을 더욱 굳건히 정비했습니다. 또한 황해도 각지에서 모여든 의병부대를 대상으로 밤낮없이 군사 훈련을 주도하며 만반의 준비를 다졌습니다.

8월 28일, 왜군 선발대 1,000여 명이 연안성 인근에 도착했습니다. 왜군은 자신들의 협박에도 연안성 군민들이 아랑곳하지 않고 무시하자 연안성을 공격하기 시작했습니다.

"이따위 작은 성에서 어찌 우리 대군을 막겠다는거냐? 항복하지 않으면 모조리 죽여버리겠다."

"네놈들은 병사 머릿수로 싸우지만 우리는 의義로 싸운다."

전투에 앞서 왜군 장수 한 명이 성문 앞으로 와서 도발했으나 연안성 군민들은 개의치 않고 화살을 쏘아 그를 말에서 떨구었습니다. 이내 연안성 문을 열고 수문장 장응기가 나가 그의 목을 베고는 유유히 성으로 돌아왔고 연안성 군민들의 사기는 하늘 높이 올라갔습니다.

왜군은 연안성을 공격하고자 화공도 펼치고 조총 사격도 시도했으나 연안성 군민들의 완강한 저항에 밀려 번번히 실패하거나 오히려 역공을 당해 큰 피해를 입었습니다. 맹공격에도 연안성이 무너지지 않자 9월 1일 구로다 나가마사는 본대 5,000명을 직접 이끌고 성을 에워싸며 대대적인 공세에 나섰습니다. 연안성 군민들은 사방에서 공

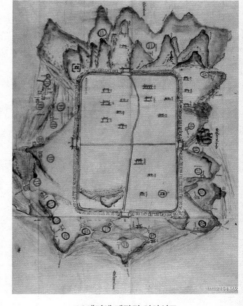

18세기에 제작된 연안성도

격해 오는 왜군에게 화포와 신기전 등을 쏘고 바윗돌과 끓는 물을 퍼부으며 격렬하게 저항했습니다. 그러나 머릿수를 앞세운 왜군의 공세 앞에 무기는 점점 바닥을 보이기 시작했고 식량도 줄어드는 등 상황이 불리하게 돌아갔습니다. 이정암 의병장은 성문 누각에 장작을 쌓고 올라앉아 성이 함락되면 자신과 함께 장작더미를 불태우라 명했고, 이 모습을 본 연안성 군민들은 이정암 의병장과 최후를 함께하기로 결의했습니다.

이런 상황에서 포로로 잡혔다가 적진에서 탈출한 역관 김효순이 중요한 정보를 알려주었습니다.

"내일 아침까지만 버티면 적들은 철수할 것입니다."

죽기를 각오하고 있었는데 적진 가운데서 희소식까지 전해지니 연안성 군민들은 용기가 솟았고 다시금 전의를 불태우며 왜군을 무찔렀습니다. 더욱이 그날 밤 역풍까지 불면서 상황은 연안성 군민들에게 유리하게 돌아갔습니다. 연안성 군민들은 적진을 향해 화공을 가했고 최후의 일격을 준비하던 왜군들은 화공에 당해 수많은 장병이 불타 죽고 혼란에 빠졌습니다. 3일 간의 공략에도 연안성이 함락되지 않자 왜군은 완전히 전의를 상실하고 9월 2일 퇴각했습니다. 이 기회를 놓치지 않고 이정암 의병부대는 도망치는 왜군을 기습해 타격을 주었지요. 연안성전투 승리 후 이정암 의병장은 조정에 장계를 올렸고, 조정에서는 그 공을 높이 사 그에게 황해도관찰사 벼슬을 내렸습니다.

연안성전투 승리를 통해 또 하나의 곡창 지대인 황해도가 지켜지면서 평양에 고립된 왜군은 더욱 수세에 몰렸고, 우리 군대는 의주의 조정과 삼남 지방 의병부대 간의 교통이 원활해져 반격을 더욱 효과적으로 할 수 있었습니다. 특히 연백벌 아래에 있는 교통 요충지 조강 수역이 지켜지면서 이후에 벌어진 행주대첩 때 충청도 수군이 행주산성 방어군을 지원하는 데 큰 도움이 되었지요. 무엇보다 이정암 의병장을 중심으로 일치단결한 연안성 군민들이 수적으로 우세한 왜군을 물리치고 성을 지켜냈다는 점에서 연안성전투는 의의가 큽니다. 그야말로 또 하나의 한산도대첩이라 할 수 있습니다.

✠ 조강 너머 바라보는 연안성전투 현장과 연성대첩비

연안성전투가 벌어진 연안성 역시 북녘에 있기에 직접 찾아가 볼 수 없습니다. 다행인 점은 함경북도나 평양과 달리 연안성 전투 전적지는 멀리서나마 볼 수 있다는 것입니다. 서울에서 올림픽대로, 김포한강대로, 48번 국도를 따라 1시간 반 정도를 달리면 강화도에 이르고 강화도 최북단에는 강화평화전망대가 있습니다. 여기에서 조강 너머 북녘 개성 땅과 예성강 하구가 잘 보입니다.

강화도에서 좀 더 깊숙이 들어가 교동도에 가봅시다. 화개산 정상이나 망향대에 오르면 철책선이 쳐진 조강과 갯벌 너머로 드넓은 연백벌이 한눈에 들어옵니다. 여기서 오른편(동쪽)에 보이는

마을은 연안군과 함께 연백벌을 이루는 황해남도 배천군이고, 왼편(서쪽) 협동농장과 염전 너머 야트막한 야산 아래 자리 잡은 시가지가 바로 황해남도 연안군입니다. 연안군 읍내에 있는 연안성 유적은 북에서 국보 제86호로 지정해 보존하고 있으며, 연안성전투 승리를 기려 세운 연성대첩비 또한 북 국보 제990호로 지정되어 있습니다.

연성대첩비는 남녘에서도 만날 수 있습니다. 황해도 연백 출신 실향민들이 세운 복제본으로요. 그런데 이 복제본은 연백벌 바로 아래에 있는 교동도가 아니라 강화도 평화전망대에 있습니다.

교동도 화개산에서 바라본 연백벌 전경

평화전망대를 해병대에서 짓고, 이 주변으로 제적봉制赤峰* 표지
비석이 있으니 이들을 같이 묶어 안보 교육을 하려는 의도였겠지
만 여러모로 뜬금없고 부적절한 위치라고 여겨집니다. 연안성전
투 현장에서 멀리 떨어진 강화도보다는 교동도 망향대에 놓는 게
의미상으로 더 적절하지 않나 싶습니다. 최근에는 교동도 출입 절
차도 완화되고 강화도와 교동도를 잇는 다리도 생겨 관광객이 많

✽ 빨갱이를 제압하는 봉우리를 말합니다.

황해남도 연안군에 있는 연성대첩비와 강화도 평화전망대에 세워진 연성대첩비 복제본

아졌으니 말입니다. 물론 가장 좋은 방법은 남북이 서로 화해하고 평화통일을 이루어 자유롭게 연안성전투 전적지를 답사하는 것이 겠지만요. 교동도에서 드넓은 연백벌을 바라보며 연안성과 황해도를 지키기 위해 싸웠던 이정암 의병부대의 투쟁 정신에 대해 다시금 생각해 보고 조강을 건너 직접 현장을 답사하는 그날이 빨리 오기를 기원해 봅니다.

백성들의 힘으로 지키고 되찾은 평양

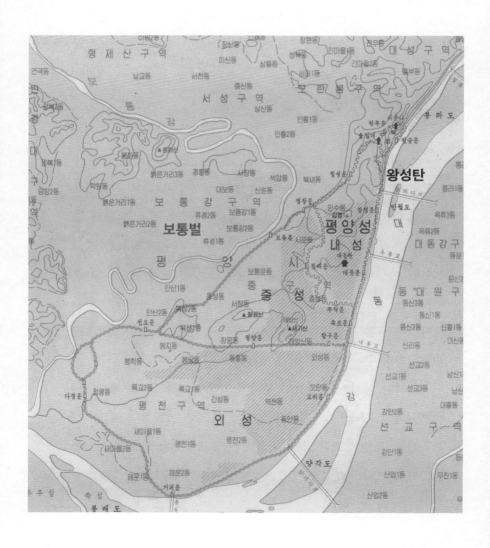

임진왜란이 일어난 지 얼마 되지 않아 조정은 평양을 거쳐 의주까지 피난을 갔습니다. 평안도 지방을 지켜내느냐 못 지켜내느냐에 따라 조선 왕조의 운명이 결정되는 상황이었지요. 다행히 수군의 활약과 전국 도처에서 의병 투쟁이 일어나면서 상황이 뒤바뀌었습니다. 평안도에서도 백성들이 반격의 교두보를 쌓아 마침내 평양을 되찾고 왜군을 남쪽으로 몰아냈습니다.

✱ 평양 방어전

한양에서 빠져나온 조정은 5월 7일 평양으로 들어갔습니다. 고구려 때부터 3~4중 구조(외성-중성-내성-북성)로 튼튼하게 구축된 평양성은 난공불락의 요새였고, 평양 백성들 역시 왜군에 대한 불타는 적개심을 안고 있어 결사 항전의 기세가 하늘을 찌르고 있었지요. 평양에 임시 수도를 차린 조정은 평양 백성들의 투쟁 의지에 고무되었고, 대신들 사이에서도 평양을 사수해야 한다는 의견이 나올 정도였습니다. 남쪽에서 올라오는 우리 수군의 승전보와 의병 투쟁 소식도 평양 백성들의 사기를 더욱 높였지요.

그러나 임진강 방어선이 무너지고 용인에서 삼도근왕병 3만 병력이 왜군 1,500명에 패해 뿔뿔이 흩어졌다는 소식이 들려오자 지레 겁을 먹은 선조와 조정 대신들은 평양에서도 도망칠 계획을 세웁니다. 고니시 유키나가가 이끄는 1번대 침략군이 6월 초 평

양 근처에 도착해 대동강 건너편에 진을 치자 조정의 도망 의지
는 더욱 확고해졌습니다.

선조의 어가가 떠난다는 소식에 분노한 평양 백성들은 성문
을 틀어막고 조정 대신들에 격하게 항의했습니다. 이 과정에서 호
조판서 홍여순이 말에서 떨어져 봉변을 당하기도 했지요. 당황한
조정은 '평양에서 결사 항전하겠다'고 백성들을 설득하는 한편
항쟁을 일으킨 3인을 처형시켜 겨우 상황을 무마했습니다. 하지
만 1592년 6월 10일, 모두가 잠든 밤을 틈 타 의주로 도망치고 말
았습니다.

조정이 의주로 도망친 이후 평양성 방어전은 좌의정 윤두
수와 이조판서 이원익, 도원수 김명원, 평양감사 송언신 등이 맡
아 연광정에서 전투를 지휘했습니다. 이때 평양성 안의 군사는
3,000~4,000명에 불과했고 무기도 제대로 보급하지 못해 총체적
난국이었습니다. 하지만 평양 백성들이 결사 항전의 의지를 불태
우자 평양성 방어군도 용기를 얻었습니다. 성벽 곳곳에 평양 군민
들을 배치해 방어 태세를 갖추었고, 대동강변 을밀대에는 빽빽한
소나무 숲 사이에 군사 옷을 입힌 허수아비들을 세워 왜군을 속
였습니다.

1592년 6월 11일, 왜군은 강 건너편에서 조총을 쏘며 공격
해 왔습니다. 이에 평양성 방어군들은 활을 잘 쏘는 이들을 뽑아
나룻배에 태워 강물 위에서 치고 빠지는 전략을 사용했고, 이들의
활에 왜군 조총병들이 수없이 쓰러지자 평양 군민들의 사기도 올

평양성 방어전 당시 지휘부가 있던 연광정는 북 국보 제16호이다.

라갔습니다. 이에 성 방어전을 해볼 만하다고 여긴 윤두수, 김명
원 등 지휘부는 강을 건너 왜군을 기습할 계획을 짜고 날랜 군사
400여 명을 뽑아 영변군수 고언백에게 도강 작전을 맡겼습니다.
그리고 마침내 6월 14일 야심한 새벽을 이용해 대동강을 건넌 고
언백과 군사들은 왜군 진지를 습격해 왜군 수백 명을 살상하고 말
300필을 노획하는 성과를 거두었습니다.

　그런데 야습을 마친 우리 군대가 다시 강을 건너 철수할 때
문제가 발생했습니다. 강을 건널 때 타고 온 배 한 척이 모래톱에
걸린 것입니다. 아침이 밝아오고 왜군도 반격해 오는 상황이었습
니다. 군대를 무사히 철수시키기 위해 임욱경을 비롯한 결사대 십
수 명은 왜군에 맞서 싸우다가 장렬히 전사했고 배에 타지 못한

우리 군사들은 능라도 근처에 있는 왕성탄 여울을 건너 철수했습니다. 그러나 날은 이미 밝았고 왕성탄 여울에 숨었던 우리 군사는 왜군에게 발각당했습니다.

왜군은 이를 기회로 삼아 그날 저녁 대규모 병력을 동원해 여울을 건너 평양성을 공격해 왔습니다. 도강 습격 작전이 실패로 끝나고 대규모 왜군 병력이 강을 건너 공격해 오자 전투를 지휘하던 윤두수, 김명원 등 지휘부는 성을 포기하고 퇴각을 명령하며 화포와 무기를 풍월루 연못에 빠뜨려버렸습니다.

지휘관들의 퇴각 명령에 평양 백성과 병사들은 분통이 터졌지만 눈물을 머금고 보통문을 통해 성을 빠져나왔습니다. 그러나 성을 비울 때도 평양 백성들은 그냥 나오지 않았습니다. 성 안의 곡식 창고를 싹 비우고 장독을 모두 깨뜨려버리고 소금도 대동강 물에 쏟아버린 뒤 쌀가마니를 지게와 수레에 지고 피난길에 올랐습니다. 왜군이 성을 점령하더라도 식량 한 톨 차지하지 못하게 하려는 평양 백성들의 심정이었던 것입니다. 이들은 성을 떠나는 와중에도 성을 지키지 못한 아쉬움과 애석함을 느끼며 언젠가 반드시 성을 되찾겠다는 복수심을 불태웠습니다.

평양 백성들의 굳센 투쟁 의지에 왜군은 강을 건너오고도 며칠 동안 모란봉에서 그들의 피난길을 지켜만 보며 섣불리 성을 점령하지 못하다가 6월 15일에야 겨우 평양성에 들어왔습니다. 그러고는 텅 빈 곳간과 황량한 마을 풍경에 넋을 놓았지요. 이후 성에 고립되어 겪을 곤경을 생각한다면 왜군 입장에서 평양성 점령은 승리가 아니라 지옥문에 스스로 들어간 꼴이나 다름없었습니다.

✠ 평안도 의병과 승병의 궐기

평양성에서 퇴각한 우리 군대는 평양 북쪽 순안에 방어선을 구축했습니다. 의주로 도망친 조정은 평양성 함락 소식을 접하자 겁을 먹고 명나라에 사신을 보내 구원 요청을 하는 한편 세자 광해군에게 분조(조정을 둘로 나눔)를 맡겨 나라를 지키는 임무를 내렸습니다.

의주의 조정은 사대주의에 빠져 명나라에만 기대를 걸었고 아예 압록강을 건너 중국으로 망명하려는 계획까지 세우고 있었습니다. 도탄에 빠진 나라와 백성은 안중에 없던 것입니다. 조정의 기대와는 달리 명나라는 일본의 외교 공작에 빠져 조선이 일본과 손잡고 자신들을 치는 게 아닌가 의심하며 조선을 돕는 데 소극적이었습니다. 선조의 망명 또한 거부했습니다.

이후 조선의 요청을 받아들여 명나라에서 선발대로 보낸 조승훈 휘하 5,000명의 병력이 7월에 평양 탈환을 시도했다가 왜군에게 크게 패하면서 선조의 기대는 여지없이 박살 났습니다.

그러나 명나라에만 매달리며 제 한 몸만 건지려던 의주의 조정과 달리 순안 일대에 방어선을 구축한 우리 군대와 평안도 백

승병을 일으키는 서산대사

성들은 평양을 되찾을 기회만 엿보고 있었습니다. 임중량, 조호익, 차은진·차은로 형제, 양덕록 등 수많은 의병장이 평안도 전역에서 의병 투쟁에 나섰습니다. 의병부대는 평양 주변 산지를 거점으로 유격전과 습격을 거듭하여 성 밖을 나선 왜군에게 타격을 주었으며, 순안에 주둔한 관군과 함께 평양 주변을 포위해 왜군의 통신과 보급을 차단했습니다. 특히 스님들의 역할이 돋보였습니다. 묘향산 보현사에서 불도를 닦던 서산대사는 전국 각지의 사찰에 승병 궐기를 호소하는 격문을 보냈고, 전국의 스님들은 이에 호응해 승병을 조직하고 투쟁에 나섰습니다. 강원도 금강산에서 활동하던 서산대사의 수제자 사명당은 1,000명 규모의 승병을 조직한 뒤 묘향산으로 왔습니다.

서산대사의 호소와 사명당의 훈련 아래 평안도 지방의 스님과 백성들은 계속해서 모여들어 어느새 의병·승병 대오는 5,000명 규모까지 커졌습니다. 승병들은 순안 법흥사와 대동강 동쪽 림원평에 진을 치며 주변 의병부대와 함께 포위망을 구성했습니다. 이 정도면 해볼 만하다고 여긴 우리 군대는 의병들과 연합해 2만 병력을 이끌고 8월 1일 단독으로 평양성을 공격했습니다. 비록 왜군의 역습으로 작전은 실패로 끝났으나 이들의 공격은 왜군에게 큰 타격을 주며 함부로 성 밖으로 나설 생각을 못하게 했습니다. 전투를 통해 아직 준비가 부족하다는 것을 깨달은 평안도 백성들 또한 포위망을 굳건히 유지하며 평양성을 되찾기 위해 힘을 키워나갔습니다.

✠ 목숨을 건 보통벌 추수전투

한편 평양성을 강점한 고니시 유키나가 휘하 왜군은 날이 갈수록 곤경에 처했습니다. 조선 국왕을 잡는 것만 생각하고 파죽지세로 올라오다 보니 병사들은 만신창이가 되어 의주가 코앞인데도 올라갈 수 없었습니다. 더군다나 조선 수군과 의병들의 활약으로 남쪽에서 구원 병력은커녕 군량과 군수 물자도 오지 않는 실정이었고 2만 명에 육박한 평안도 군민과 승병들이 사방에서 평양을 겹겹이 둘러싼 터라 그야말로 진퇴양난이었지요.

안 그래도 성에 들어올 때 곳간과 마을이 텅 비었는데 보급로까지 차단되자 왜군의 군량은 완전히 바닥났습니다. 굶어 죽거나 병들어 죽는 왜군이 속출하자 식량을 구하러 성 밖 주변 마을을 약탈했지만 매번 우리 의병들에 의해 쫓겨나는 신세였지요. 게다가 믿었던 와키자카 야스하루의 수군이 한산도에서 패하고, 황해도의 곡창 지대를 확보하려던 구로다 나가마사마저 연안성전투에서 패배하면서 고니시 유키나가의 시름은 더욱 깊어졌습니다.

그래도 그에게는 믿는 구석이 하나 있었으니 바로 평양 주변의 펼쳐진 드넓은 논밭이었습니다. 보통문 아래 펼쳐진 보통벌은 수확 시기가 다가오며 황금빛 물결을 이루고 있었습니다. 이 논밭의 곡식을 수확해서 군량미로 쓴다면 한동안은 식량 걱정을 안 해도 되리라 보았던 것이지요. 그래서 고니시 유키나가는 보통벌을 잘 지키고 이상한 낌새가 있으면 바로 출격하라는 명령을 내

평양성 보통문

렸습니다.

　이런 생각은 서산대사와 평안도 백성들도 하고 있었습니다. 산 아래 펼쳐진 보통벌을 보며 백성들은 힘들게 농사지은 곡식들을 왜군에게 단 한 톨도 넘겨줄 수 없다고 다짐했습니다. 이에 8~9월 야심한 밤에 서산대사의 지휘 아래 평안도 백성들과 스님들은 농기구와 무기를 들고 보통벌로 향했습니다. 한밤중의 목숨을 건 추수 작전이 시작된 것입니다.

　의병과 승병들은 보통강 강변에 매복하여 왜군의 상황을 감시했고 농민들은 의병과 승병의 엄호 아래 조를 짜서 벼 이삭을 수확했습니다. 그리고 이를 각자의 지게에 실어 부지런히 산으로 날랐지요. 새벽이 되자 벼 이삭으로 가득 찼던 보통벌은 텅 비었습니다. 이때서야 낌새를 알아차린 왜군들이 성문을 나오기 시작했습니다. 이에 맞추어 보통문 일대에서 매복해 있던 의병부대가 기습해 치열한 전투를 벌였고 보통강을 건너는 다리를 불태워버렸습니다.

보통벌에 자라던 농작물만 믿고 잠이 들었던 고니시 유키나가는 '조선 놈들이 벼 이삭을 다 거두어갔다'는 부하들의 다급한 외침 소리에 황급히 깨어났습니다. 헐레벌떡 문루에 오른 그는 불타는 보통강 다리 연기 뒤로 텅 빈 벌판을 바라보며 망연자실했지요. 분노한 고니시 유키나가는 추수한 벼를 모조리 뺏어올 것을 명했습니다. 그러나 이미 산중에 매복 중이던 의병 및 승병들이 추격해오는 왜군을 기습해 궤멸시켰습니다. 엎친 데 덮친 격으로 백성들은 왜군을 교란시킬 목적으로 닭과 비둘기 다리에 불씨를 매달아 성안으로 날려 보냈고, 닭과 비둘기들은 성안 마을 이곳저곳을 날아다니며 불씨를 옮겨 평양성을 불바다로 만들었습니다. 결국 왜군은 우리 의병들을 더는 추격하지 못하고 성으로 물러났습니다.

보통벌 추수전투는 서산대사의 결단과 평안도 백성들의 지혜로 왜군에게 쌀 한 톨도 남겨주지 않았을뿐더러 성안에 불길까지 내며 큰 타격을 준 통쾌한 승리였습니다. 이후로도 굶주린 왜군은 주변 마을을 약탈하려고 왔으나 이를 미리 간파한 평안도 백성들이 마을을 싹 비웠기에 허탕만 쳤습니다.

✠ 평양성전투, 대반격의 서막

믿었던 보통벌 농작물이 눈앞에 사라지면서 왜군의 상황은 더욱 나빠졌습니다. 안 그래도 군량이 다 떨어진 상황이었는데 추운 겨울까지 찾아오자 얼어 죽는 자들이 속출했고 왜군의 사기는 말이 아니었습니다.

고니시 유키나가는 어떻게든 탈출로를 열기 위해 성 밖으로 전문을 보내려 했습니다. 하지만 우리 군대와 의병들에 의해 매번

19세기에 제작된 평양성전투도

막혔지요. 심지어 어렵게 포위망을 뚫고 5,000명의 병력을 이끌고 황해도 봉산에 주둔하던 오토모 요시무네에게 전보를 보냈지만 허사가 되어버렸습니다. 고니시 유키나가의 요청을 거부하고 한양으로 도망쳐버린 것입니다.

해가 바뀐 1593년 1월, 반격의 날이 다가왔습니다. 명나라에서 이여송이 4만 병력을 이끌고 조선에 들어왔고, 평양을 포위한 2만 명의 평안도 군민도 성을 되찾을 의지로 만반의 준비를 마쳤습니다. 마침내 5만 명 이상의 조명연합군은 1월 6일 새벽 모란

봉, 보통문, 함구문 세 방향에서 평양성을 공격하며 평양성전투를 개시했습니다.

전투의 선봉은 의병과 승병들이 섰습니다. 서산대사와 사명당이 이끄는 2,200명의 부대가 새벽을 틈타 왜군 정예 병력을 모란봉 일대로 유인해 궤멸시키고 모란봉을 탈환한 것입니다. 모란봉 일대에 공격로가 열리자 김응서 장군이 이끄는 관군은 1월 7일 평양성 서쪽과 남쪽에서 공세를 벌였습니다.

그리고 다음 날, 조명연합군은 총공세를 폈습니다. 모란봉에 포대를 설치해 평양성 내성에 포격하며 사방에서 맹렬히 공격했지요. 성안의 왜군도 여기서 밀리면 끝임을 알고 참호를 파고 악착같이 저항했습니다. 왜군의 저항이 심하자 명나라군은 겁을 먹고 군대를 물렸지만 평안도 의병과 승병들은 더욱 거세게 왜군을 몰아부쳤습니다.

마침내 우리 군대는 함구문, 칠성문, 보통문을 돌파하며 내성으로 진입했습니다. 더 이상 가망이 없다는 것을 실감한 고니시 유키나가는 성을 포기하고 대동문을 빠져나와 얼어붙은 대동강을 건너 남쪽으로 도망쳤습니다. 전투가 벌어진 날은 매우 추웠고 대동강을 건너다가 얼음이 깨져 강에 빠져 죽거나 도망치다가 혹한에 얼어 죽는 자들이 속출했습니다. 가까스로 한양에 도착해 확인해 보니 왜군 중 남은 병력은 6,600명에 불과했고 그마저도 부상자가 대부분이었습니다. 평양에 들어갈 때 1만 8,700명이었는데 불과 3분의 1만 남았던 것입니다.

평양성전투에서 우리 군대는 왜군 1만여 명을 죽이고 말 3,000필, 450여 점의 무기를 노획했으며 포로 1,100명을 구출하는 성과를 거두었습니다. 평안도의 중심 도시인 평양이 해방되면서 우리 민족은 대대적인 반격에 나섰고 왜군은 남쪽으로 패주했습니다. 그야말로 백성의 힘으로 지키고 되찾은 대승리였습니다.

역사에 기록되지 않은
평양 10장사 이야기

평양성전투에서 활약한 숨은 영웅들이 있습니다. 바로 '평양 10장사'입니다. 평양 10장사는 임진왜란이 일어나기 전인 1574년 무쇠주먹으로 유명했던 전주복과 무술에 능했던 법근 스님, 지붕을 훌쩍 뛰어넘는 재주를 보였던 장사 돈정신 세 사람이 의형제를 맺은 것에서 시작했습니다.

6년 후 평양의 이름난 장사였던 장이덕, 명궁 고충경과 김자택, 사리에 밝은 현수백, 빠른 순발력을 지닌 임기동 등 여섯 사람이 참가해 8장사가 되었고, 얼마 뒤 김응서 장군과 박억이 참가하면서 '평양 10장사'가 완성되었습니다. 이들은 나이와 신분은 제각각이었으나 평양을 지키겠다는 신념 아래 굳게 뭉쳤습니다. 평양 10장사는 서로의 집에 자주 벗들을 초대해 술자리를 나누었으며 무술을 연마하고 예술을 펼치며 우애를 다지곤 했습니다.

평양 10장사는 평양성전투 때 크게 활약했습니다. 고충경과 김자택은 평양성 방어전 당시 배에 올라 강 건너 왜군을 향해 활을 쏘아 수없이 쓰러뜨렸고, 평양 백성들은 이 두 사람이 왜군을 저격하는 모습을 보며 환호했습니다. 왜군이 평양성을 강점했을 때도 평양 10장사는 각자 의병부대를 조직하여 평양성을 포위했습니다. 특히 박억은 의병 투쟁을 위해 자신이 가지고 있던 쌀 4,000석을 군량미로 내놓았습니다. 법근 스님 역시 서산대사와 사명당의 명을 받아 평양 주변 스님들을 승병으로 조직하고 훈련시켰습니다.

1593년 1월, 평양성전투가 벌어지자 평양 10장사는 전투의 선봉에 섰습니다. 모란봉 습격 때도 법근 스님과 전주복은 앞장서서 왜군을 무찔렀지요. 전투 과정에서

평양성전투에서 활약한 평양 10장사 이야기를 담은 《서산대사와 승병들》

법근 스님이 왜군에게 공격을 당해 쓰러지자 전주복은 철퇴를 휘둘러 수많은 왜군을 쓰러뜨렸습니다. 하지만 전주복 역시 대동문에서 총탄에 맞아 쓰러지며 친구의 뒤를 따랐습니다.

돈정신, 임기동, 현수백, 김자택 등 다른 10장사들도 왜군을 무찌르다가 장렬히 전사했고, 이들의 희생으로 마침내 평양성은 회복될 수 있었습니다. 평양 10장사 중 살아남은 사람은 김응서 장군과 명궁 고충경 두 사람뿐이었습니다. 이 두 사람은 평양성전투 때 목숨을 바친 8인의 동지들을 잊지 않으며 이후로도 많은 전투에서 왜군을 물리쳤습니다.

평양성전투에서 목숨을 바친 평양 10장사들의 일화는 오래도록 잘 알려지지 않았습니다. 《조선왕조실록》이나 《징비록》 등 역사서에도 이들의 이름은 찾아보기 어려웠습니다. 그나마 양반이었던 김응서 장군만 임진왜란 이후로도 활동하며 이름을 남겼을 뿐 나머지는 역사 속에 파묻혀 있었습니다.

무능한 선조와 썩어빠진 조정 대신들은 명나라에만 의지할 줄 알았을 뿐 평양 10장사에는 관심을 갖지 않았습니다. 하지만 평양 백성들은 이들의 활약과 희생을 잊지 않았습니다.

평양 10장사 이야기는 시대를 넘어서 전해졌고 현대에 이르러 북의 장편소설 《서산대사》에 승병들의 이야기뿐 아니라 이들의 이야기도 실리면서 세상에 빛을 볼 수 있었습니다. 오늘날에도 평양 10장사의 이야기는 평양의 역사와 더불어 길이 전해지고 있습니다. 역사서에 기록되지 않더라도 우리가 계속해서 기억한다면 언젠가는 반드시 빛을 볼 수 있다는 것을 이를 통해 알게 됩니다.

한양 목전에서 이루어낸
통쾌한 승리

다시 남쪽으로 내려와 행주산성(사적 제56호)에 가봅시다. 경기도 고양시 덕양구에 있는 덕양산 꼭대기에 축성된 행주산성은 그리 높지 않지만 경사가 꽤 급한 편이고 뒤쪽에는 깎아지른 절벽 아래 한강이 흐르고 있어 방어에 아주 유리한 지형입니다.

산성 꼭대기에 올라 전경을 바라보면 동쪽으로는 서울 시내가 펼쳐져 있고, 남쪽으로는 한강을 사이로 두고 강서구 개화산과 인천 계양산이 한눈에 보입니다. 날이 맑은 날에는 서쪽으로는 강화도 마니산, 남쪽으로는 관악산, 북쪽으로는 개성 송악산까지 볼 수 있습니다. 이곳에서 봉화를 올리면 한양 도성뿐 아니라 고양, 파주, 양천(오늘날 서울 강서구와 양천구) 등 주변 지역은 물론 부평과 강화도 그리고 개성까지 소식을 전할 수 있었던 것이지요. 여러모로 작지만 큰 산이라고 할 수 있습니다.

이처럼 행주산성은 한양 서부와 그 주변부를 한눈에 바라볼 수 있어 예로부터 전략적 요충지로 손꼽혔습니다. 삼국시대에는 한강 방어선을 구성하는 요새로 사용되었고 조선시대에도 한양 서북부를 방어하는 요새로 중요하게 다루어졌습니다. 특히 흙으로 쌓은 토성이라는 인식과 달리 최근 내성이 자리 잡은 꼭대기 능선에서 삼국시대에 쌓은 돌로 된 석축(높이 1.6미터, 4.3미터, 전체 길이는 450미터)이 발견되면서 이곳이 전략적으로 중요한 장소였음을 더욱 잘 알 수 있습니다.

무엇보다도 행주산성은 임진왜란 당시 행주대첩이 벌어진 장소로 유명합니다. 행주대첩이 어떻게 벌어졌는지 살펴보며 행주대첩의 의미와 우리 조상들이 어떻게 싸워 이겼는지 생생히 느껴봅시다.

✠ 행주대첩 전개 과정

평양을 시작으로 우리 군대가 반격하자 남쪽에서도 한양을 되찾고자 관군과 의병들이 일어났습니다. 일찍이 웅치·이치전투에서 왜군을 무찌르고 호남을 지켜냈던 전라도순찰사 권율 장군은 평양에서 왜군이 패전했다는 소식을 듣고는 북쪽의 조명연합군과 협공해 한양을 수복하고자 1만 부대를 이끌고 북상했습니다.

권율 장군은 수원 독산성에서 부대를 둘로 나누어 전라도병마사 선거이에게는 병력 4,000명을 주어 행주산성과 독산성의 중간 거점이자 한강 건너편에 있는 양천에 주둔하게 하고, 그는 조방장 조경, 처영대사과 함께 2,300명을 이끌고 행주산성으로 향했습니다. 수도권 관군 및 의병들과 함께 서쪽과 남쪽에서 한양을 포위하려는 전략이었습니다.

그러나 우리 군대의 한양 수복 계획은 차질을 빚습니다. 도망치는 왜군을 쫓아 남진하던 이여송 휘하 명나라 군대가 1593년 1월 25일 경기도 고양 일대에 있던 벽제관에서 왜군의 기습을 받아 패했기 때문입니다. 겁이 난 이여송은 파주로 후퇴했고 조명연합군의 남진도 주춤해졌습니다.

벽제관에서 명나라군을 무찌른 왜군은 이참에 승기를 몰아 눈엣가시였던 행주산성을 치기로 했습니다. 행주산성은 작은 요새인데다 병력도 2,300명뿐이니 3만 병력이면 쓸어버릴 수 있을 거라 생각한 것입니다. 드디어 1593년 2월 12일, 우키다 히데이에, 이시다 미츠나리, 깃가와 히로이에, 고니시 유키나가, 고바야가와 다카가게, 구로다 나가마사 등 쟁쟁한 왜장이 지휘하는 3만 왜군이 행주산성을 포위하고 총공격에 나섰습니다.

　　하지만 행주산성은 만만치 않았습니다. 앞서 보았듯 행주산성은 험준한 지형을 바탕으로 축성되었기에 난공불락의 철옹성이었습니다. 행주산성에 주둔하던 우리 군대 또한 왜군의 침공에 대비해 만반의 준비를 해놓았습니다. 급경사로 이루어진 산 능선에 2~3중으로 목책을 세우고 참호를 파 방어선을 구축했고 강력한 병기인 화차 40기를 만들어 방어선 곳곳에 배치해 놓았지요.

　　사실 행주산성에서의 방어선 구축은 총지휘관이었던 권율 장군의 지시가 아닌 조방장 조경의 결정이었습니다. 호남에서부터 오랜 행군으로 지쳤을 장병들을 생각해 권율 장군은 좀 쉬게 했으나 조경을 비롯한 장병들은 그렇게 생각하지 않았던 것입니다. 산성 자체의 방어력은 대단하지만 이전에 웅치·이치 일대에서 튼튼한 방어선을 구축해 막아냈던 것처럼 행주산성 역시 목책과 참호로 방어선을 더욱 견고하게 해두어야 효과적으로 적을 막을 수 있다고 본 것입니다. 그래서 조경과 장병들은 권율 장군이 잠시 자리를 비운 사이에 방어선을 구축했습니다.

자리를 비웠다가 행주산성에 돌아온 권율 장군은 자신의 뜻을 거르고 방어선을 구축한 조경을 나무랐습니다. 그러나 이 방어선이 전투에서 승리하는 데 결정적 역할을 했자 권율 장군은 전투가 끝난 뒤 조경에게 나무란 것을 사과하며 공로를 치하했다는 일화가 전해져 내려옵니다. 전투에서의 경험을 바탕으로 신의 한 수를 만들어낸 장병들도 대단하지만 자신의 실수를 인정한 권율 장군의 성격도 잘 보여주는 일화입니다.

왜군은 수적 우세를 믿고 물밀듯이 공격해왔으나 우리 군대는 각종 화포와 화차, 비격진천뢰를 동원해 이들을 일망타진했습니다. 특히 행주산성을 지키던 호남 관군과 의병들은 웅치·이치전투 때부터 경험이 쌓인 정예병들로 먼 거리에서는 화살로 왜군을 저격했고 백병전에서는 능숙하게 맞서 싸웠습니다.

처영대사가 김제 금산사에서 조직해 이끌고 온 1,000여 명의 승병도 맹활약했습니다. 왜군은 아침부터 저녁까지 아홉 차례에 걸쳐 행주산성을 공격했고, 전투 후반부에는 서북쪽 목책을 무너뜨리고 왜군 일부가 행주산성 안으로 들어가는 데 성공했습니다. 이에 권율 장군이 앞장서서 장병들을 독려했습니다.

"남아는 의기를 생각할 뿐 어찌 부귀영화를 따지겠느냐!"

이에 각성한 우리 군대는 방어선이 뚫린 곳으로 몰려들어 성 안으로 들어온 왜군을 빠르게 물리쳤지요.

성안의 탄약과 화살이 거의 떨어져서 돌을 던져 저항하던 와중에 충청수사 정걸이 이끄는 수군이 두 척의 배에 화살 2만 발을

행주대첩 기록화

실어 행주산성에 정박하면서 전세는 완전히 우리 쪽으로 기울었습니다. 결국 행주산성 공략에 실패한 왜군은 무수한 시체만 남기고 야밤에 도성으로 도망쳐 버렸고 조경은 도망치는 왜군을 추격해 처단했습니다. 전투 과정에서 우키다 히데이에, 이시다 미츠나리, 깃가와 히로이에 등 수뇌부가 총통에 피격되어 중상을 입었고 수많은 왜장이 목숨을 잃었습니다.

　행주대첩은 한양 목전에서 적은 수의 병력으로 열 배가 넘는 왜군의 침공을 물리침으로써 왜군의 반격 기도를 완전히 부순 통쾌한 승리였습니다. 안 그래도 기근과 추위에 시달리던 왜군은 행주산성 패전까지 겹치며 한양 강점마저 어려운 지경에 이르렀습

행주대첩 기념비

니다. 4월 18일 왜군은 도성에서 철수했고 우리 민족은 한양을 수
복할 수 있었습니다.

　오늘날 행주산성 꼭대기에는 행주대첩을 기념하는 기념비
가 우뚝 솟아있습니다. 또한 행주산성 안에는 권율 장군의 위패를
모신 충장사와 행주대첩 당시에 사용된 화포와 화차 등을 전시해
놓은 전시관이 있어 행주대첩을 더 잘 이해할 수 있습니다. 조상
들의 피땀 어린 현장을 돌아보며 우리 민족에 대한 자부심과 행
주산성을 지켜낸 선열들의 투쟁 정신과 지혜를 느껴봅시다.

✖ 권율 장군과 함께 싸운 백성과 행주치마 전설

권율 장군이 호남을 지켜내고 행주산성에서 대승을 거둔 비결 중 하나는 백성들이 힘을 합쳐 함께 싸웠던 데 있습니다. 호남 군민들은 웅치·이치전투 때부터 의병부대를 조직하고 권율 장군이 이끄는 관군과 힘을 합쳐 왜군을 무찔렀습니다. 이치전투에서 싸우다가 최후를 마친 황박 의병장과 나주에서 의병부대를 조직해 활발히 활동하던 김천일 의병장이 대표적입니다. 김제에서부터 함께했던 처영대사와 스님들도 빼놓을 수 없습니다.

호남을 지켜낸 이후로도 군민들은 한양을 되찾고자 권율 장군을 따라 올라갔고 독산성과 행주산성에서도 맹활약했습니다. 하지만 호남 군민뿐만이 있던 것이 아닙니다. 권율 장군이 이끄는 호남 군민들이 한양을 되찾으려 북상하자 주변에 살던 백성들도 이들을 돕고자 행주산성에 들어갔습니다. 이때 여성들도 남편을 따라 행주산성에 들어갔는데, 그 선두에 '밥할머니'라고 불리던 해주 오씨가 있었습니다. 불광동 근처에 살던 만석꾼의 아내 해주 오씨는 어려운 이웃에게 밥을 나누어주어 주변 사람들로부터 '밥할머니'라고 불리며 명망이 높았던 사람입니다. 밥할머니의 지혜를 엿볼 수 있는 일화가 하나 있습니다.

우리 민족의 반격으로 왜군이 남쪽으로 도망칠 때였습니다. 밥할머니는 마을 사람들과 함께 삼각산(북한산)에 들어가 봉우리 하나를 볏단으로 감싸 군량미를 쌓은 노적 거리로 위장시켰고 계

경기도 고양시 덕양구 삼송동 동산꽃마지공원 내에
'밥할머니'를 기리는 석상과 '행주치마 전설'을 묘사한 기록화

곡 상류에서 석회 가루를 뿌려 흘려보냈습니다. 다음 날 삼각산
인근에 도착한 왜군이 목이 말라 창릉천 냇가의 물을 벌컥벌컥
마셨는데 이상하게 물이 희뿌옇더랍니다. 마침 함지박에 쌀을 가
득 채워 지나가고 있던 밥할머니에게 왜군이 물었습니다.

"물이 왜 이렇게 희뿌연 거요?"

"지금 산봉우리에 조선군 수만 명이 주둔해 있고 군량미도
왕창 쌓아놨수. 거기서 밥을 짓기 위해 군량미를 냇물에 씻어서
물이 그런 것이라오. 심지어 군량미가 많아서 주변 백성들에게도
나누어주는 터라 나도 군인들에게 쌀을 받아서 이렇게 이고 가는
거라오."

잠시 후 왜군들은 죄다 쓰러지고 말았습니다. 석회가 잔뜩
든 물을 마시고 탈이 난 것이지요. 이 소식을 접한 조명연합군은
이를 놓치지 않고 왜군을 모두 섬멸하는 대승을 거두었습니다.

왜군이 한양으로 도망치자 밥할머니는 마을 사람들을 이끌고 행주산성에 주둔한 호남 군민들과 합류했습니다. 성안에서 밥할머니와 부녀자들은 밥을 지어 장병들을 먹이고 부상병을 치료했습니다. 전투가 벌어지면 부녀자들은 밥할머니의 통솔 아래 앞치마에 돌을 지고 날랐으며 무기가 떨어져 가던 방어군은 부녀자들이 지고 온 돌을 던져 왜군을 무찔렀습니다. 이것이 바로 유명한 '행주치마 전설'입니다.

행주대첩을 승리로 이끈 요인 중 하나로 꼽히는 행주치마 전설과 관련해 이전에는 행주산성이 행주치마에서 유래되었다는 이야기도 있었고 행주치마 이름이 행주산성에서 유래되었다는 이야기도 있었습니다. 하지만 행주산성이란 지명은 고려 태조 왕건 때인 940년부터 내려왔고, 행주치마 역시 임진왜란 이전인 1517년 기록에 있어 둘 다 틀린 이야기로 판명 났지요. 그러나 행주치마 전설과 지명과 이름을 둘러싼 이야기들은 그만큼 행주대첩이 관군과 호남 의병, 스님들은 물론 부녀자들까지 하나 되어 왜군을 무찔렀음을 보여주고 있습니다.

화차

행주대첩에서 화차에 대한 이야기를 빼놓을 수는 없습니다. 화포와 함께
조선시대를 대표하는 화약 병기인 화차는 다양한 종류가 있는데 여기서는 신
기전 화차와 변이중 화차를 중심으로 살펴봅시다.

신기전 화차

신기전 화차는 나무판에 수십수백 개의 구멍을 뚫고 그 구멍에다 신기전
(화약의 힘으로 날아가는 화살)이나 소형 화포를 꽂은 형태를 지닙니다. 전투 시
에는 신기전에 불을 붙여 수십수백 개의 화살(또는 포탄)을 한꺼번에 날려 넓
은 범위에 퍼진 다수의 적을 타격합니다. 생김새로나 운영 형태로나 여러모
로 조선시대판 방사포(다련장로켓, MLRS)라고 할 수 있습니다.

신기전 화차는 세종대왕 때 세자였던 문종이 1415년(문종 1년)에 고안한
것으로 평시에는 화통 부분을 떼어 수레로 사용했고 전시에는 화통을 부착하
여 위력적인 무기로 사용했습니다. 임진왜란 때도 신기전 화차는 행주대첩,
진주성전투, 울산성전투 등 여러 전투에서 사용되었으며 왜군에게 압도적인

신기전 화차

복원된 변이중 화차를 선보이는 장면

변이중 화차 내부 재현도

위력을 보여주었습니다.

변이중 화차

임진왜란 때 또 하나의 새로운 화차가 탄생했습니다. 바로 전라도소모사 변이중이 개발한 변이중 화차입니다. 이 화차는 수레의 네 면에 방패벽(가로 2 미터, 세로 1.8미터)을 설치해 적들의 화살과 총탄을 막고, 각 방패벽에 13~14 개의 구멍을 뚫어 승자총통을 장착해 앞면과 좌우 세 방향에서 총 40여 개의 승자총통을 동시에 발사할 수 있는 구조를 지녔습니다.

이와 같은 구조 덕분에 변이중 화차는 왜군의 공격을 효과적으로 방어하며 한꺼번에 40발 이상의 총통을 발사해 적의 대열을 무너뜨릴 수 있었습니다. 그야말로 '육지의 거북선'이자 '조선시대판 전차 또는 장갑차'인 셈입니다. 변이중 화차는 임진왜란 때 300기가 만들어졌고 이 중 40기가 행주대첩 당시 활약했습니다.

임진왜란 시기에 운영된 총통과 화차를 보면 당시 우리 민족의 화약 무기 기술력이 세계적인 수준이었음을 실감합니다. 또한 민족의 운명이 위기에 처했을 때 무궁무진하게 발현된 조상들의 지혜와 창조력이 있었기에 우리 민족이 전쟁에서 승리할 수 있었음을 다시 한 번 깨닫게 됩니다.

성과 운명을 같이하다

다음으로 찾아갈 곳은 경상남도 내륙의 큰 도시 진주입니다. 진주는 경상좌도의 중심지이자 경주, 상주와 더불어 영남 지방의 주요 대도시였습니다. 또한 경상도 주요 지역과 전라도를 연결하는 길목에 위치하여 남강을 통해 부산과 영남을 수로로 이동할 수 있어 교통 요충지로 기능하기도 했습니다.

조정에서는 진주의 지리적·전략적 중요성을 바탕으로 오래 전부터 진주성을 튼튼한 요새로 구축했습니다. 험준한 남강 절벽을 따라 외성(길이 4킬로미터)과 내성(길이 1.7킬로미터) 2중으로 튼튼한 성을 쌓았고 성의 북쪽에는 해자(성 주위를 둘러 판 못)를 파서 적의 침입을 막았습니다. 성문 앞에는 옹성을 둘렀고 성벽 곳곳에는 치와 포망루를 설치해 방어력을 더욱 굳건히 했지요. 성 곳곳에 설치된 망루와 장대, 그리고 절벽 위에 세워진 5미터 높이의 웅장한 성벽을 보노라면 이곳이 난공불락의 철옹성임을 제대로 느낄 수 있습니다.

지금은 외성이 시가지로 변해 사라졌고 해자 역시 세월의 풍파에 희미해졌으나 남강 절벽을 따라 구축된 내성은 옛 모습을 간직하고 있습니다. 성안에는 남강 절벽 위에 촉석루가 위용을 뽐내고, 임진왜란 당시 성을 지키고자 목숨을 바친 39명의 위패를 모신 사당과 사찰(의기사, 창렬사, 경절사, 호국사 등)도 곳곳에 자리 잡고 있으니까요. 또한 성안에는 임진왜란 당시 유물들을 풍부하게 소장하고 있는 국립진주박물관도 있어서 임진왜란과 진주성전투를 이해하는 데 도움을 주고 있습니다. 게다가 어둠이 깔린

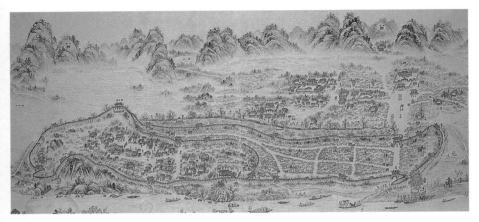

조선 후기 제작된 진주성도(출처: 국립진주박물관)

진주성 항공 사진과 야경(출처: 진주시청)

남강 위에 비친 진주성의 야경은 장관이 따로 없습니다.

보통 정유재란 이전 전투에서 중요한 3대 전투를 꼽는다면 한산도대첩, 진주성대첩, 행주대첩이고 추가로 웅치·이치전투나 평양성 탈환, 연안성전투 등을 언급하곤 합니다. 그리고 임진왜란

3대 전투 중 가장 치열하고 의의가 큰 전투를 꼽는다면 단연 진주 성에서 벌어진 두 차례의 전투라고 하겠습니다.

진주성 곳곳을 살펴보며 두 차례에 걸쳐 벌어진 진주성전투 와 성을 지키기 위해 목숨을 바친 조상들의 얼을 생각해 봅시다.

�֎ 1차 진주성전투

전국 각지에서 일어난 의병과 관군의 반격 덕분에 수많은 지 역을 지킬 수 있었고, 주요 지역들이 수복되면서 왜군의 침략 전 쟁은 난관에 부딪혔습니다. 왜군은 난관을 타개할 목적으로 경상 우도의 중심지인 진주성을 공략하기로 계획하고 1592년 9월 병 력 2~3만 명을 김해에서 진주성으로 출발시켰습니다.

당시 진주성은 진주목사 김시민의 지휘 아래 3,800명의 관 군과 백성들이 지키고 있었습니다. 김시민 장군은 왜군의 침입에 맞서 진주성의 방어 시설을 더욱 굳건히 하고 화약, 조총, 화포 등 의 군수 물자를 비축하는 한편 성안 군민들을 대상으로 전투 훈 련을 활발히 벌였습니다.

10월 3일 왜군 3만 명은 세 방면에서 진주를 향해 들어오기 시작했고, 10월 5일 성을 포위하며 공격했습니다. 진주성 군민들 은 김시민 장군 지휘 아래 왜군의 침입에 맞서 침착하면서도 능 숙하게 방어했습니다. 왜군이 조총을 쏠 때 응전하지 않고 숨을

진주대첩 기록화(출처: 국립진주박물관)

고르고 있다가 사격을 멈추고 성 가까이 다가오면 일제히 화포와 총탄을 쏘아 응징했습니다. 왜군이 화공을 시도하면 곧바로 불을 꺼버려 확산을 막았으며, 토산을 쌓아 성을 공격하면 성안에서도 훨씬 높게 토산을 쌓아 공격하고 왜군의 토성에 화포를 쏘아 무너뜨렸습니다. 왜군이 사다리를 타고 성벽으로 기어오르면 각종 화포와 바윗돌, 끓는 기름 등으로 공격하며 맞섰지요. 그리고 김시민 장군은 하루 전투가 끝나고 밤이 되면 문루에서 악공을 시켜 피리로 구슬픈 음악을 연주해 왜군의 전의를 떨어뜨렸습니다.

　진주성전투는 성안 군민들만의 싸움이 아니었습니다. 일찍이 진주성을 지키고자 지원군을 이끌고 왔으나 많아진 병력 때문에 지휘 체계가 흔들릴 것을 우려한 김시민 장군의 완곡한 거절로 진주성에 입성하지 못한 경상우병사 유숭인이 성 밖에서 왜군에 맞서 싸우며 왜군의 전력을 소모시켰습니다. 진주성 공격 소식을 들은 곽재우, 최경회 등 주변의 의병부대 역시 응원군을 보내 사방에서 왜군을 포위하며 압박했습니다.

여러 날 동안 공격해도 진주성이 끄떡없자 전황이 불리해진 왜군은 최후의 발악으로 10월 10일 새벽, 후퇴하는 척 기만술을 펼치다가 동문과 북문으로 총공세를 벌였습니다. 하지만 이미 포로로 잡혔다가 탈출한 한 아이의 폭로로 왜군의 계획을 간파한 진주성 군민들은 왜군에 맞서 치열하게 싸웠습니다. 이 과정에서 김시민 장군이 총탄에 맞아 쓰러졌지만 곤양군수 이광악이 진주성 군민들을 이끌며 왜군을 물리쳤습니다. 결국 진주성 공략에 실패한 왜군은 전의를 상실하고 성 밖에서 시체들을 한데 모아 불태우고 창원으로 도망쳤습니다.

1차 진주성전투에서 진주성 군민은 지휘관과 군인, 백성이 한 몸이 되어 수적으로 우세한 적에 맞서 진주성을 지켜냈습니다. 진주대첩의 승리로 왜군의 호남 진출은 또다시 좌절되었으며 불리한 전황은 더욱 고착화되었습니다.

✖ 2차 진주성전투

1592년 후반부터 1593년 초반까지 조선의 대대적인 반격과 명나라의 참전으로 전황이 뒤바뀌면서 왜군은 한양을 포기하고 남쪽으로 후퇴했습니다. 비록 명나라와 일본 간의 강화 교섭으로 왜군은 큰 피해를 입지 않고 도망쳤지만 우리 민족은 나라를 되찾고자 하는 애국심과 불타는 적개심으로 왜군을 추격하며 남해안 일대로 고립시키는 데 성공했습니다.

한편 일본 본토에서 침략 전쟁이 실패했다는 소식을 들은 도요토미 히데요시는 매우 분개했습니다.

"나라의 위엄이 손상되었다."

특히 진주성에서 참패했다는 사실에 분노하며 여러 차례나 전주성 재침 명령을 내렸습니다. 첫 침공의 실패를 만회하고 땅바닥에 떨어진 위신을 회복하려는 속셈이었습니다. 진주성에서 대규모 무력 시위를 벌임으로써 강화 교섭에 유리한 위치를 차지하려는 계산도 깔려 있었습니다.

도요토미 히데요시의 명령을 받은 왜군은 총 12만 1,600명의 병력을 동원해 1593년 6월 다시 진주성을 공격했습니다. 이때 침략군은 고니시 유키나가, 가토 기요마사, 구로다 나가마사, 우키다 히데이에, 다테 마사무네 등 쟁쟁한 지휘관들이 총동원되었습니다. 그야말로 성 하나에 모든 것을 집중한 것입니다.

이에 맞선 진주성 방어군은 관군과 의병을 합친 7,000명의

남강 절벽에 자리 잡은 촉석루. 의병들이 최후를 마친 장소이자
논개가 왜장을 껴안고 투신한 곳으로 유명하다.(출처: 진주시청)

병력과 백성 6만 명이 전부였습니다. 성 밖에 명나라군도 있었지
만 왜군의 엄청난 규모와 엄포에 기가 질려 협공할 생각은 않고
그저 진주성 방어군들에게 철수를 명령할 뿐이었습니다.

"형세가 불리하니 성을 비우고 물러나라."

왜군이 워낙 많으니 주변 고을의 관군과 의병들 역시 진주성
을 지원할 엄두를 못 내냈습니다. 진주성 방어군들은 외로운 싸움
을 벌이게 되었지요.

불리한 상황에서도 진주성 방어군은 결전의 의지를 불태웠

고, 결국 6월 22일부터 2차 진주성전투가 시작되었습니다. 왜군은 수적 우세를 믿고 각종 공성 무기와 공성 전술을 동원해 수일간 밤낮없이 진주성을 공격했습니다. 하지만 진주성 군민의 완강한 저항에 번번이 실패했지요. 이 와중에 장맛비가 내리면서 진주성 방어군에게 불리한 상황이 더해졌지만 그들의 결사 항전 의지는 더욱 굳세질 뿐이었습니다.

그러다가 6월 28일 전투를 지휘하던 황진 장군이 총탄에 맞아 전사했습니다. 다음 날에는 오랫동안 내린 장맛비로 동쪽 성벽이 무너져내리면서 왜군이 동쪽 방면으로 총공세를 벌였습니다. 성의 함락이 임박했으나 진주성 방어군은 끝까지 왜군에 맞서 싸우다가 전사하거나 자결하는 길을 택했습니다. 최경회, 김천일, 고종후 의병장은 남강에 몸을 던졌으며, 김해부사 이종인은 왜군 두 명을 끌고 함께 남강에 투신했습니다. 성안에 있던 군사 7,000명과 백성 6만 명 역시 진주성과 운명을 함께했습니다.

비록 2차 진주성전투는 압도적인 왜군의 역량과 불리한 형세로 인해 패했지만 진주성 군민들의 희생은 헛되지 않았습니다. 거의 열흘 동안의 결사 항전으로 진주성 군민들은 수많은 왜군을 살상하며 그들이 전라도로 쳐들어가려는 생각조차 하지 못하게 했습니다. 실제로 전투 직후 진주성을 점령하고도 피해가 막심했던 왜군은 전라도 침공을 포기하고 강화 교섭을 명목으로 남해안 왜성으로 퇴각했습니다.

진주성을 지킨 영웅들

인 물
이야기

김시민

 1차 진주성전투를 진두지휘한 김시민 장
군은 이순신 장군과 더불어 임진왜란 이후 '충
무공忠武公' 시호를 받은 지휘관입니다. 전쟁 전
부터 진주목사로 부임했던 김시민 장군은 전
쟁 초반에는 지리산에서 은거해 있었으나 초
유사 김성일과 진주 백성의 노력으로 다시 세
상으로 나왔습니다. 김시민 장군은 진주성을
거점으로 경상우도 의병들과 함께 거창, 산청,
고성, 창원 등 곳곳에서 왜군을 무찔렀고 이에

김시민 장군 동상

조정에서는 김시민 장군의 공을 치하하며 경상도병마사에 임명했습니다.

 이후 1차 진주성전투가 벌어지자 김시민 장군은 진주성 군민들과 함께 열
배가 넘는 왜군에 맞서 진주성을 지켜냈습니다. 비록 전투 막바지에 왜군의
총탄에 맞아 최후를 맞았으나 김시민 장군의 지휘와 군민 3,800명의 일치단
결로 대승리를 거둘 수 있었지요. 진주성 백성들은 김시민 장군의 전사를 크

게 슬퍼하며 고향 충청도로 운구를 옮길 때도 따라나서며 통곡했다고 합니다. 전쟁이 끝난 한참 뒤에 김시민 장군의 조카 김유가 진주를 지날 때도 한 백성이 그의 손을 잡고 눈물을 흘렸다는 일화가 전해옵니다.

"왜란 때 진주목사 덕에 우리가 살았습니다. 어찌 그 공적을 잊겠습니까."

한편 1차 진주성전투에서 패한 왜군은 김시민 장군을 '모쿠소'라고 부르며 두려워했습니다. 도요토미 히데요시는 2차 진주성 침공 때 지난 전투에서 자신들을 패배시킨 모쿠소의 목을 가져오라는 명령까지 내렸지요. 심지어 전쟁이 끝난 뒤인 에도시대에도 일본 내에서는 대요괴 모쿠소(또는 그의 아들 '지라이야')가 조선에서 바다를 건너와 사람들을 해치자 왜장이 이를 퇴치한다는 내용의 소설이나 연극(가부키)이 성행했다고 합니다. 일본에게 임진왜란의 참패, 특히 진주성전투의 충격은 가히 컸나 봅니다.

논개

김시민 장군과 더불어 진주성전투에서 유명한 인물은 최경회 의병장의 부인으로 알려진 논개입니다. 2차 진주성전투 직후 왜군의 축하연이 열렸을 때 왜장을 껴안고 남강에 투신한 논개의 일화는 많은 이에게 깊은 감명을 주었습니다. 그래서 논개의 의절을 소재로 많은 문학예술 작품이 창작되었고 논개의 영정도 여러 화가를 통해 그려졌지요.

워낙 유명한 인물이다 보니 오늘날에도 논개 추숭에 있어 여러 논란이 있습니다. 가령 논개 표준 영정을 그린 화가 김은호가 《친일인명사전》에 올랐다는 사실이 밝혀져 표준 영정이 교체된 바 있으며 오늘날에도 진주시와 전남 화순군(최경회 의병장의 궐기 지역), 전북 장수군(논개의 고향으로 알려짐) 등지에서 서로 자기 고장을 대표하는 인물로 논개를 내세우며 갈등을 빚고 있습니다. 일각에서는 실존 여부도 불분명한데 지나치게 논개를 내세우는 것이 아니냐는 소리도 나옵니다. 여러모로 3.1운동 내지는 항일독립운동을 대표하는 여성 독립운동가로 유관순 열사를 내세우는 모습과 겹쳐 보입니다.

일본에서 '모쿠소'를 소재로 삼은 가부키

중요한 점은 논개를 비롯해 수많은 여성이 임진왜란 때 나라의 자주권을 지키고자 떨쳐나섰다는 사실입니다. 부산에는 왜군에게 잡히고도 절개를 저버리지 않았던 송상현 부사의 애첩 한금섬과 이양녀가 있었고, 평양에는 김

논개 표준 영정과 논개를 모신 의기사

응서 장군을 도와 왜장을 처단하고 목숨을 끊은 기생 계월향이 있었습니다.

또 행주산성에서는 밥할머니를 필두로 앞치마에 돌을 지고 날랐던 부녀자들이 있었고, 기생 월이는 전쟁 이전에 조선을 정탐하러 온 왜군의 지도를 조작해 왜군이 당항포에서 독 안의 든 쥐 신세가 되게 만들었습니다. 이외에도 숱하게 벌어진 성 방어전에서 이름 없는 여성들이 끓는 물을 왜군에게 쏟아부었고 지붕에 올라 기왓장을 던졌습니다. 논개를 기리는 것도 중요하지만 이들의 투쟁 역시 잊으면 안 되겠지요.

남강 절벽 위에 솟은 촉석루와 논개가 투신한 의암 자리 근처의 의기사 등을 둘러보며 논개의 정신에 감탄합니다. 논개 외에도 전쟁 속에서 스러져간 여성들의 정신도 함께 생각해 보게 됩니다.

황진

2차 진주성전투를 지휘했던 황진 장군도 임진왜란 초반에 크게 활약한 장수입니다. 전쟁 직전 통신사 파견 때 호위 무사로 따라나섰던 황진 장군은 일본의 심상찮은 분위기를 보며 전쟁이 일어날 것을 예견했고, 돌아오는 길에 일본도 두 자루를 구입해 전의를 불태웠습니다. 전쟁 당시에는 동복현감으로 호남 방어전투에서 맹활약했습니다. 또한 전주에서 패해 후퇴하는 왜군을 안덕원에서 습격해 궤멸한 바 있고, 이치전투에서도 수많은 왜군을 쓰러뜨렸습니다. 황진 장군이 수원, 안성 죽주산성, 상주 등지의 최전선에서 승리를 거두자 조정에서는 황진 장군의 공을 치하해 충청도병마사 직위를 내렸습니다.

2차 진주성전투 당시 황진 장군은 왜군의 총탄에 쓰러질 때까지 진주성 군민들과 호남 의병들을 이끌며 전투를 총지휘했습니다. 갑옷을 벗어 던지고 앞장서서 백성과 함께 토산을 쌓았고, 전투가 벌어지는 현장에 직접 나서 싸우며 군민들을 독려했지요. 솔선수범하는 모습에 진주성 군민들도 황진 장군을 믿고 따르며 불리한 상황에서도 열흘 가까이 성을 지켜낼 수 있었습니다. 황진 장군이 전사한 다음 날 성이 함락되었으니 만약 저격당하지 않았다면 진주성을 지켜내지는 않았을까 하는 아쉬움도 듭니다.

황진 장군 영정

　두 차례의 진주성전투에서 각각 군민들을 이끌었던 김시민 장군과 황진 장군은 우리에게 귀감이 됩니다. 지도자의 표상은 평범한 이들의 힘을 믿고 그들의 힘을 최대한으로 끌어내는 것 그리고 말이 아닌 행동으로 실천하는 것임을 말이죠. 사람들은 그런 지도자를 전적으로 의지하고 따르며 결국에는 어떤 어려운 역경도 극복해 내게 됩니다.

진주성의 호남 의병

　두 차례에 걸쳐 벌어진 진주성전투는 관군뿐 아니라 백성들도 하나가 되어 싸웠습니다. 특히 2차 진주성전투 때는 멀리 호남 지방에서도 의병들이 달려와 진주성 군민들과 운명을 함께했지요. 고경명 의병장의 큰아들 고종후 의병장은 의병 700명을 이끌고 진주성에서 싸우다가 성이 함락될 때 남강에 투신해 아버지와 아우의 뒤를 따랐습니다. 나주에서 의병 투쟁을 시작해 수도권에서 작전을 펼쳤던 김천일 의병장, 화순에서 의병 투쟁을 일으킨 최경회 의병장도 각각 300명 규모의 의병을 이끌고 진주성에 들어가 진주성 군민과 함께 싸웠고, 고종후 의병장과 함께 남강에 투신해 장렬히 최후를 마쳤습니다.

그렇다면 호남 의병들은 왜 고향에서 멀리 떨어진, 그것도 영남 지방에 있는 진주성까지 와서 싸우다가 최후를 마쳤을까요? 오늘날 영호남 지역감정이 심한 것을 생각한다면 참 대단한 일이 아닐 수 없습니다. 호남 의병의 정신은 최경회 의병장이 진주성에 들어가면서 남긴 말에도 잘 드러납니다.

> "호남도 우리 땅이요, 영남도 우리 땅이다. 의병장이 되어 어찌 멀고 가까움을 가려 영남을 구원하지 않겠는가?"

고종후, 김천일, 최경회 의병장 영정

이는 호남 의병들만 가진 생각이 아니었습니다. 일찍이 우리 수군이 거제 옥포에서 왜군을 무찌를 때도 '영남 바다이건 호남 바다이건 모두 소중한 우리 바다'라는 정신이 바탕이 되었지요. 임진왜란 때 민족의 자주권을 위해 목숨을 바쳤던 선열들 모두가 이와 같은 정신을 가지고 고향에서 멀리 떨어진 곳에서도 왜군에 맞서 싸웠던 것입니다.

5부

다시 시작된 전쟁
마침내 이룬 승리

피로 물든 호남

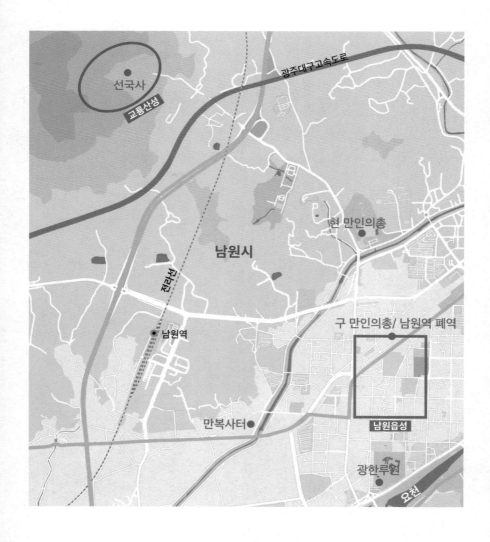

임진왜란 전적지 답사도 어느새 후반부입니다. 마지막 답사는 정유재란의 현장을 찾아갈 것입니다. 우리 민족의 대대적인 반격으로 왜군은 남해안으로 쫓겨났습니다. 1593년부터 5년 동안은 지루한 강화 회담이 이어지다가 결렬되었고, 1597년 왜군이 다시 쳐들어왔습니다. 정유재란 때도 우리 민족은 바다와 남해안 곳곳에서 치열하게 싸웠고, 1598년 마침내 왜군을 완전히 이 땅에서 몰아내고 전쟁에서 승리했습니다.

전쟁의 막바지를 향해 함께 떠나봅시다. 정유재란의 현장을 돌아보며 어떻게 우리 조상들이 싸우고 승리해 나라를 지켜냈는지 온몸으로 느껴봅시다.

정유재란과 관련해 가장 먼저 찾아갈 곳은 남원입니다. 정유재란 당시 호남 지방은 왜군의 침공을 받았고 그들이 가는 곳곳마다 전쟁 범죄와 학살 만행이 벌어져 호남은 피바다가 되었습니다. 가장 피해가 막심했던 곳은 남원이었습니다. 남원은 영남에서 소백산맥을 넘어 호남으로 들어가는 관문이었기에 조선은 이곳을 지키기 위해, 일본은 이곳을 차지하기 위해 치열한 전투를 벌였습니다. 결국 남원성은 함락당해 군민 모두가 학살되었으나 우리 조상들은 왜군의 침략에 끝까지 맞서 싸우며 민족의 기상을 남김없이 보여주었습니다.

당시 치열했던 호남 지방의 전투 현장을 남원성, 만인의총, 교룡산성 세 곳을 중심으로 찾아가 봅시다.

✠ 남원성

남원성(사적 제298호)은 조선시대 남원 중심부에 세워진 성으로 둘레 2.5킬로미터에 높이 4미터의 전형적인 평지성 구조로 되어있었습니다. 특기할 점은 남원부를 네모반듯하게 둘러싸고 시내 도로를 바둑판 모양으로 구획한 전형적인 중국의 성 형태를 지녔다는 것입니다. 이는 전쟁 소강기 때 명나라군 참모 락상지가 남원성 축성을 주도하면서 중국 축성 방식을 도입했기 때문입니다.

평지성이었던 만큼 남원성은 방어에 한계가 있었습니다. 그래서 부족한 방어력을 보완하고자 옹성을 16군데 설치하고, 성벽 위에 적의 공격을 피해 총구멍으로 화살이나 화포를 쏠 수 있는 성가퀴 1,016개를 설치했지요. 성벽 주변으로는 해자를 최대한 넓고 깊게 파서 적이 쉽게 접근하지 못하게 했고, 성안에는 장기전에 대비해 70여 개의 우물을 마련했습니다.

평지성치고는 성을 잘 구축했다는 자신감의 발로였을까요? 당시 남원에 파견된 명나라군 부총수 양원은 교룡산성에서 싸우자는 우리 군대의 요청을 묵살하고 남원성에서 싸우기로 했습니다. 명나라군 주력은 기병인데, 남원성이 평지성이라 기병전으로 왜군을 무찌를 수 있으니 유리하다고 본 것이지요. 우리 군대는 애써 준비한 교룡산성을 비우고 주변의 민가를 모두 불태운 뒤 남원성으로 집결했습니다.

1597년 8월 12일, 이윽고 왜군 선발대가 남원에 모습을 드

러냈고 13일부터 전투가 시
작되었습니다. 양원이 이끄는
명나라군 3,000명은 동문, 남
문, 서문을 맡았고 이복남, 정
기원, 신호 등이 이끄는 남원
성 방어군 5,000~6,000명은
북문을 맡아 성을 방어했습니
다. 왜군은 5만 6,000명이 넘
는 대병력으로 남원성을 공격
했습니다. 왜군의 공격에 맞
서 남원성 방어군은 비격진천
뢰와 조총을 쏘며 왜군을 무
찔렀습니다.

18세기에 제작된 남원성 지도

　　남원성전투는 수일 동안
벌어졌습니다. 왜군은 주변의 민가를 헐어 깊은 해자를 메우고
기둥은 사다리로 만들어 성을 공격했습니다. 남원에 소재한 만복
사의 사천왕상을 탈취해 남원성 주변에서 무력 시위를 벌이기도
했습니다. 양원은 자신이 자랑하던 기병대를 이끌고 성 밖으로
나가 왜군을 습격했지만 왜군의 조총 사격에 피해를 입고 돌아왔
습니다.

　　8월 16일 밤이 되자 왜군은 총공세를 펼쳤고 결국 남원성은
함락당했습니다. 군민 1만 4,000명은 끝까지 왜군에 맞서 싸우다

가 최후를 맞이했습니다. 평지성인 남원성을 고집한 것이 패배의 원인이었습니다. 남원성을 고집한 양원은 패색이 짙어지자 50명의 기병을 끌고 도망쳐 버렸습니다. 이후 양원은 남원성 패전의 책임을 물어 명나라에서 숙청되었고, 조선에도 양원의 목이 보내져 조리돌림당했습니다.

현재 남원성은 갑오농민전쟁, 일제강점기 등 역사의 풍파 속에서 성벽 대부분과 성문이 헐렸고, 남원시 동충동에 북쪽 성벽 일부와 해자 흔적만이 남아있습니다. 남원성의 남은 성벽을 바라보며 전장을 온전히 이해하지 못한 지휘관의 잘못된 선택이 어떤 결과를 낳는지, 또 우리 민족의 운명은 외세가 지켜주지 않는다는 사실을 되새겨봅니다.

✠ 만인의총과 이복남 장군

남원성에서 북쪽으로 가봅시다. 차로 2분, 걸어서 15분 정도 가다 보면 만인의총(사적 제272호)이 자리해 있습니다. 만인의총은 남원성전투 당시 왜군에 맞서 싸우다 최후를 맞이한 관군 4,000명과 백성 1만 명의 시신을 한데 모아 안장한 무덤입니다. 광해군 때는 만인의총 앞에 남원부사 임현, 접반사 정기원, 전라도병마사 이복남, 별장 신호 등 여덟 명의 지휘관을 기린 사당인 충렬사가 세워졌습니다.

    원래 만인의총과 충렬사는 남원성 북문에 있었는데 일제강점기에 일본이 남원에 전라선 철도를 부설하고 남원역을 세운다는 명목으로 남원성을 허물어버리면서 만인의총과 사당도 훼손당했습니다. 해방 이후 복원했으나 유해를 안장했던 곳에서 유해 대신 석탄 찌꺼기만 나오는 바람에 결국 유해 없는 가묘로 복원되었습니다.

    만인의총을 둘러보면서 남원성전투 당시 분전했던 이복남 장군에 대해 이야기하지 않을 수 없습니다. 이복남 장군은 임진왜란 초반 웅치·이치전투에서는 권율, 황진, 황박 등과 함께 왜군을 무찔렀고, 정유재란 때는 전라도병마사에 임명되었습니다. 처음에는 병력 5,000명을 이끌고 왜군이 주둔한 순천왜성을 공략하려 했으나 명나라 부총병 양원의 요청에 의해 경로를 바꿔 남원성으로 향했습니다.

    "사나이, 나라에 은혜를 갚을 때가 왔다."

    이복남 장군은 8월 12일 1,000명의 병력을 이끌고 남원에 도착했는데 이미 왜군이 성을 포위한 상황이었습니다. 그는 이에 굴하지 않고 보란 듯이 풍악을 울리며 위풍당당하게 남원성 남문으로 들어갔습니다. 이 모습에 놀라 왜군도 공격할 엄두를 못 내고 지켜보았다고 합니다.

    닷새 동안 이복남 장군과 남원성 군민은 끝까지 싸웠으나 결국 성은 함락당했습니다. 이미 죽기를 각오하고 남원성을 들어갔던 이복남 장군은 성의 함락이 임박하자 부하에게 북문 탄약고에

만인의총

불을 지르게 한 뒤 왜군 두 명을 껴안고 화약고로 뛰어들어 장렬
히 산화했습니다.

만인의총과 이복남 장군의 일화는 오늘날 후손들에게 이야기
합니다. 비록 외세는 우리를 지켜주지 않았으나 우리 조상은 죽는
순간까지 나라와 민족의 자주권을 지키고자 싸웠다는 사실을 말이
지요. 만인의총을 둘러보며 조상들의 투쟁 정신에 경의를 표해봅
니다.

❊ 교룡산성

만인의총을 뒤로하고 왼쪽에 놓인 길을 따라 올라가 봅시다. 이내 남원 시내가 한눈에 보이는 교룡산에 들어서게 됩니다. 교룡산 입구에는 교룡산성(전북 기념물 제9호) 성문이 계곡 옆으로 웅장하게 들어서 있습니다.

교룡산성은 교룡산의 험준한 천연 지형을 이용해 돌로 쌓은 천혜의 요새로 둘레가 3,120미터에 달합니다. 정확한 축성 시기는 알기 어려우나 삼국시대 백제 때부터 쌓은 것으로 추정되며 이후로도 전략적 가치를 인정받아 여러 차례에 걸쳐 보수되었습니다. 임진왜란 때는 처영대사가 권율 장군의 명령에 따라 교룡산성을 증축하고 승병들을 훈련시켰습니다.

성문 앞에 들어서면 계곡과 능선을 따라 차곡차곡 쌓아 올린 성벽이 눈에 들어오고 큰 돌을 잘 짜 맞추어 세운 아치 형태의 문(동문)이 우리를 반깁니다. 산중에 이렇게 정교하면서도 튼튼하게 쌓은 성이 있다니 감탄이 절로 나오고, 성벽이 세워진 험한 산 능선을 보면 이곳이 방어에 유리한 철옹성임을 알게 되지요. 게다가 성안에 군량미를 보관할 수 있는 큰 창고와 99개의 우물이 있었다고 하니 오랫동안 대규모 인원이 농성하기에 좋은 장소였음을 알 수 있습니다.

이렇게 산중에 잘 축성된 요충지였던 터라 남원성전투 당시 우리 군대가 평지성을 비우고 이곳에서 농성할 것을 강력히 주장

교룡산성 성문과 성벽

했던 것입니다. 이는 평소에는 평지성에 살다가 전시가 되면 평지 성과 인근 마을을 싹 비우고 산성으로 들어가 농성하는 우리 민 족의 오랜 성 방어전 방식을 그대로 계승한 것이기도 합니다. 그 러나 평지성을 고집한 명나라군의 아집으로 교룡산성에서의 농 성은 좌절당했고 이는 남원성의 비극으로 이어졌지요. 그나마 훗 날 갑오농민전쟁 때 김개남 장군이 농민군을 이끌고 이곳을 거점 으로 활약해 전략적 가치가 빛을 보았으니 다행입니다.

교룡산성 안쪽으로 올라가다 보면 역사 깊은 고찰인 선국사 (전북 유형문화재 제114호)가 나옵니다. 마치 교룡산성 성문이 선국

선국사 전경과 '김개남 동학농민군 주둔지' 푯말

사의 일주문 역할을 하는 모양새입니다. 선국사는 전시에는 교룡
산성 주둔군의 지휘부로 사용되었습니다. 임진왜란 때도 처영대
사 휘하 승병 300명이 주둔했지요. 또한 근대에는 민족대표 33인
중 한 사람인 백용성 스님이 출가한 장소이기도 합니다.

　　그야말로 교룡산성과 선국사는 외세에 맞서 나라와 민족의
자주권을 지킨 호국의 성지라고 부를 만합니다.

절망을 희망으로 바꾸다

이제 승리의 현장으로 가봅시다. 정유재란 초반 칠천량 패전과 호남 초토화로 우리 민족은 위기에 처했습니다. 그러나 울돌목에서 이순신 장군이 이끄는 수군이 왜군을 크게 무찌르면서 대대적인 반격에 나섭니다.

지금부터 임진왜란 전 과정에서 가장 불가사의하고 기적적인 승리인 명량대첩 현장을 함께 돌아보고자 합니다. 경로는 통제사에 다시 임명된 이순신 장군이 12척의 배로 각오를 다진 장흥 회령포에서부터 실제 전투가 벌어진 울돌목 바다와 진도를 거쳐 전투 이후 통제영이 꾸려졌던 목포 고하도로 이어집니다.

전적지를 따라 전투 과정을 추적하며 명량대첩이 그저 불가사의한 기적이 아닌 철저한 계획과 준비가 있었음을, 절망 속에서도 희망을 잃지 않고 이순신 장군을 중심으로 힘을 모았던 장병과 백성의 힘으로 이루어졌음을 생생히 느껴봅시다.

✠ 장흥 회령포

먼저 장흥으로 가봅시다. 목포에서 남동쪽으로 남해고속도로나 2번 국도를 타고 달리면 강진을 거쳐 장흥에 도착합니다. 다시 남쪽으로 내려가면 천관산과 그 아래 드넓은 간척지가 펼쳐집니다. 그리고 좀 더 내려가다 보면 첫 목적지인 회령포에 도달합니다.

회령포는 칠천량해전 때 도망친 경상우수사 배설이 12척의

회령포와 회령진성 전경(출처: 한국관광공사)

판옥선을 이끌고 정박한 장소입니다. 장흥반도 가장 남쪽에서 깊숙이 들어간 지형에 자리 잡고 있으며 주변에 있는 노력도, 금당도 등이 포구를 가려주고 있습니다. 배를 숨기기에 안성맞춤이지요. 그래서 배설이 거제 칠천도 앞바다에서 여기까지 도망쳐 온 것이 아닐까 싶습니다.

조정에서의 모진 고문과 백의종군 과정에서 모친의 부고를 겪는 등 갖은 고생을 하던 이순신은 1597년 8월 3일 하동에서 통제사로 재임명됩니다. 하지만 그가 처음 마주한 것은 총체적 위기에 놓인 우리 수군이었습니다. 공들여 구축해 놓았던 함대는 사라졌고 수군 장병들의 사기는 패전으로 말이 아니었으며 해안가 백성들은 왜군의 학살 만행을 피해 뿔뿔이 흩어졌습니다. 군량과 군수 물자도 턱없이 부족했지요. 이순신 장군은 착잡했습니다. 하지만 좌절하지 않고 수군을 바닥에서부터 재건하고자 하동을 시작으로 남해안 곳곳을 다니며 사람들과 물자를 모았습니다.

왜군의 만행을 피해 포구나 산속으로 도망쳤던 부하들과 장병들은 통제사가 다시 돌아왔다는 소식에 그의 곁으로 하나둘 모이기 시작합니다. 처음에는 십수 명에 지나지 않았던 인원이 16일간 구례, 곡성, 순천, 낙안, 보성, 장흥 등지를 지나면서 수백 명으로 늘었습니다. 남해안 백성 역시 다시 돌아온 통제사를 만나 결의를 다지며 군량미와 군수 물자를 십시일반으로 모았습니다.

이런 와중 배설이 도망치면서 이끌고 온 배들이 장흥 회령포에 정박해 있다는 소식이 들려옵니다. 문제는 배설이 비협조적인 것도 모자라 겁을 집어먹고 또다시 탈영을 하려 했다는 것입니다. 결국 이순신 장군은 제대로 된 인수인계도 받지 못하고 직접 회령포까지 가서 배설이 끌고 온 잔존 함대 12척을 일일이 확인해야 했지요. 배설은 기어이 9월 2일에 탈영해 고향에 잠적했다가 전쟁이 끝난 뒤 발각되어 처형되었습니다.

전성기 시절 우리 수군의 함대는 134척의 규모였으나 이젠 12척밖에 남지 않았습니다. 그런 현실에서 이순신 장군은 얼마나 허망했을까요? 하지만 12척의 배로도 충분히 싸울 수 있다고 여긴 이순신 장군은 회령포에서 새롭게 모은 장병 120명과 함께 결의대회를 가졌습니다. 조정에서도 다음과 같은 공문을 보내올 만큼 한

치 앞도 안 보이는 절망적인 상황에서 말이지요.

"수군 수가 부족하니 해체하고 육군에 합류하라."

이순신 장군의 지휘 아래 장병과 백성들은 다시 희망을 싹틔웠습니다. 그 유명한 "신에게는 아직 열두 척의 배가 남아있습니다."라는 명언이 바로 여기서 나온 것입니다.

회령포와 회령진성(전남 문화재자료 144호)을 돌아보면서 이순신 장군이 절망 속에서도 희망을 싹틔운 원동력이 무엇이었을까 생각해 봅니다. 굳건한 애국심과 백성을 하늘같이 여기고 그들의 힘을 믿는 것이 아니었을까요?

✖ 울돌목

다음으로 돌아볼 곳은 전투 현장인 울돌목 바다입니다. 회령포에서 장성읍까지 올라와 서쪽으로 18번 국도를 타고 1시간 반 정도 달리면 울돌목이 나오지만, 우리는 당시 수군이 갔던 길을 따라 회령포에서 강진항 쪽으로 이동하다가 다리를 건너 고금도와 완도를 거쳐 땅끝마을을 지나는 해안도로를 타고 가봅시다.

구불구불한 해안도로를 따라 풍경을 감상하다 보면 땅끝마을 너머로 우리 수군의 유인 작전에 걸려 왜군 함대가 모여들었

우수영에서 바라본 울돌목 바다

던 어란진이 서해를 향해 튀어나와 있습니다. 그리고 북서쪽으로 1시간 15분 정도 계속 달리다 보면 울돌목 바다에 도착합니다.

명량대첩이 벌어진 울돌목은 해남과 진도 사이를 흐르는 길이 1.5킬로미터, 폭 500미터의 좁은 바다입니다. 수심이 얕고 주변에 암초가 많아 실제 항해가 가능한 수로는 훨씬 좁습니다. 또한 조류가 매우 빨라 바닷물이 암초에 부딪혀 소용돌이를 만들어내고 그 소리가 마치 용이 우는 소리와 같아 '울돌목'이라고 불립니다. 조수 간만 차에 따라 바닷물의 흐름과 방향도 복잡합니다.

현재는 울돌목 위로 진도대교가 지나고, 우수영 관광지와 진도타워가 양쪽에서 마주보고 있습니다. 같은 바다이지만 해남 우수영과 진도타워에서 바라보는 풍경은 서로 다른 맛이 있습니다.

해남 우수영에서는 실제 회오리치는 빠른 물살을 살펴볼 수 있고, 진도타워에서는 높은 곳에서 좁고 험한 울돌목 바다 전경은 물론 주변 지형까지 한눈에 볼 수 있지요. 우수영에서 보는 울돌목은 큰 나무를 자세히 보는 것 같고, 진도타워에서 보는 울돌목은 거대한 숲을 바라보는 것 같습니다.

우수영과 진도타워에는 명량대첩 전시관과 당시 우리 수군이 사용했던 판옥선 모형 등 볼거리가 많습니다. 전시물 내용이나 설명은 진도타워보다 우수영 쪽이 좀 더 다양하고 충실한 편입니다. 해상 케이블카를 타고 울돌목 바다를 감상할 수도 있는데 하늘과 맞닿은 울돌목 바다를 시작으로 진도와 해남으로 이어지는 풍경이 장관입니다.

�֎ 진도 벽파진

이제 진도대교를 건너 울돌목 바다에서 진도로 넘어가 봅시다. 우리나라에서 세 번째로 큰 섬인 진도는 오랫동안 반외세 항쟁의 현장이었습니다. 울돌목을 비롯한 주변 바다가 수심이 깊고 물살이 빨라 바다를 통한 외세의 침공이 쉽지 않았고 섬에는 큰 산이 솟아있어 방어에 유리한 조건이었기 때문이지요. 고려 때는 몽골 침략에 굴하지 않은 삼별초가 강화도에서 백성과 군사를 이끌고 내려와 이곳에 용장성(사적 제126호)을 쌓고 황제국을 선포하

벽파진 전경

며 대몽항쟁을 벌였습니다. 임진왜란 때는 울돌목 바다에서 명량
대첩이 벌어졌습니다.

진도로 들어와 남동쪽으로 891번 지방도로를 따라가다 보면
이내 벽파진에 다다릅니다. 벽파진은 대몽항쟁 때 삼별초 함대가
진도에 발을 디딘 곳이자 여몽연합군이 삼별초를 진압하러 내려
올 때 상륙했던 곳입니다. 명량대첩 직전에는 우리 수군이 한 달
가량 정박하며 왜군을 꾀어냈던 장소이기도 합니다.

벽파진에 있는 망금산 언덕에 올라 벽파정에서 전경을 내려
다보면 드넓은 논밭과 염전 그리고 '푸른 파도碧波'라는 이름을 그
대로 보여주듯 푸른 진도 앞바다가 훤히 펼쳐집니다. 건너편에는
해남 어란진이 보이고, 왼편으로는 저 멀리 울돌목 바다가 보입니

벽파진진첩비

다. 벽파정 안에는 이 모든 광경을 바라보며 작전을 짜던 이순신 장군 모형이 전시되어 있습니다.

망금산 언덕 위에는 이곳에서 이순신 장군과 수군이 왜군을 무찌른 것을 기리는 벽파진진첩비(진도향토유적 제5호)가 세워져 있습니다. 거북 모양 좌대 위에 서 있는 높이 3.8미터, 폭 1.2미터, 두께 58센티미터 규모의 이 비석은 1956년 11월 29일 진도 주민들의 성금을 모아 세워진 것으로 비문은 이은상 시인이 짓고 글씨는 진도 출신 서예가 손재형이 썼습니다. 강인한 글씨체로 벽파진해전과 명량대첩 과정을 잘 설명해주고 있지요. 비석 아래에는 물이 고인 웅덩이가 있어 신비한 느낌마저 줍니다.

한 달 남짓 이곳에 주둔하면서 진도 앞바다 지형과 기후, 밀물과 썰물의 시간과 양상을 살피며 이를 바탕으로 어떻게 싸울 것인지를 고심하던 이순신 장군의 고뇌가 그려집니다. 사기가 떨어진 장병들을 앞서서 독려하는 모습도 상상할 수 있습니다. 철저

한 준비와 계획을 짜고 몸으로 실천하는 모습을 보였기에 명량대
첩의 승리는 기적이 아니라 현실이 될 수 있던 것입니다.

✖ 목포 고하도 통제영

진도에서 다시 육지로 빠져나와 목포로 향합니다. 77번 국도
를 타고 북쪽으로 쭉 올라가다가 49번 지방도로로 빠져 금호도와
영산강 하구 간척지를 따라 달리면 명량대첩 직후 통제영이 들어
선 고하도에 도착합니다.

명량대첩 직후 이순신 장군은 왜군의 추격을 피해 잠시 서해
로 빠져나가 오늘날 새만금 방조제가 있는 고군산도까지 후퇴했
습니다. 울돌목에서 왜군을 무찔렀지만 왜군이 기수를 돌려 추격
해 오면 불리했기 때문입니다. 다행히 울돌목에서 패한 왜군은 전
의를 잃고 왜성에 틀어박혀 나올 생각을 하지 않았습니다.

왜군이 추격해 올 우려가 사라지자 이순신 장군은 본격적으
로 수군 재건 계획을 세웠습니다. 그러자면 새로운 통제영을 건설
해야 했는데 고하도가 적절한 장소였지요. '높은 산(유달산) 아래
에 있다'고 해서 이름이 붙은 고하도는 조선시대에는 '보화도'라
고도 불렸습니다. 인구는 많지 않았지만 땅이 비옥해 둔전을 일구
기에 좋고 갯벌이 넓게 퍼져 있어 염전을 조성하기에도 좋습니다.
영산강 하구 건너편에는 유달산이 솟아있고, 섬 주변으로 율도,

고하도 이충무공 유적 전경

장자도, 이달도 등 크고 작은 섬들이 서해의 파도를 막아주며 고
하도를 가려주고 있습니다. 여러모로 수군 기지로 삼기에 좋은 요
충지입니다.

고군산도에서 고하도로 함대를 이끌고 내려온 이순신 장군
은 이곳에 통제영을 세우며 본격적으로 수군 재건에 나섰습니다.
지형을 이용해 고하도진성*을 쌓아 외침에 방어하는 한편 군함
을 건조할 선소와 거대한 군량미 저장고도 조성했지요.

✖ 고하도진성 총길이 1,225미터 중 성벽을 쌓은 것은 1.105미터 정도이며, 나머지는 절벽
   과 암반 등 자연 지형을 최대한 이용해 빠르게 지을 수 있었습니다.

우리 수군이 울돌목에서 대승을 거두고 고하도에 새 보금자리를 마련했다는 소식은 곧 남해안 일대에 퍼져나갔고, 왜군의 침략을 피해 곳곳에 숨어있던 백성들과 칠천량해전 때 겨우 목숨을 보전해 흩어졌던 군사들도 부푼 희망을 안고 고하도 통제영으로 모였습니다. 이순신 장군은 고하도로 모여든 남해안 군민들을 따뜻하게 맞아주며 고하도에서 둔전을 일구고 소금을 굽도록 해 이들의 생존 문제를 해결하고 수군 재건 사업에 떨쳐나서도록 이끌었습니다.

이순신 장군의 추진력과 결단력 그리고 남해안 군민들의 피땀 어린 노력 속에 수군 재건 사업은 빠른 속도로 진행되어 100여 일 만에 판옥선 53척, 병력 8,000명의 규모로 커졌습니다. 둔전을 꾸리고 소금을 팔아 군량미도 2만 석이나 확보했지요. 전성기에 비하면 적은 수였지만 왜군을 얼씬거리지 못하게 만들 기반이 마련된 것입니다.

현재 고하도에는 이순신 장군을 기리는 사당인 모충사와 이충무공기념비(전남 유형문화재 제39호)가 있고, 그 주변으로 고하도 진성이 일부 남아있습니다. 명량대첩 이후 우리 수군의 기반을 다지던 중요한 장소임에도 그 흔적은 제대로 찾아볼 수 없습니다. 그래도 고하도 모충사에서 주변 풍경을 감상하면서 명량대첩 이후 희망을 품고 수군을 재건해나가던 이순신 장군과 선열들을 생각해 볼 수는 있어 다행입니다.

명량대첩

이순신 장군은 새롭게 재건한 수군과 회령포에서 인수한 12척의 배*를 끌고 1597년 8월 28일 해남 어란진으로 이동했고, 이내 울돌목에서 남동쪽으로 5킬로미터 떨어진 진도 벽파진에 정박했습니다. 이곳에서 여러 날 동안 바다를 바라보며 이순신 장군은 작전 계획을 짜나갔고, 마침내 울돌목 바다를 전장으로 택해 왜군을 무찌를 방안을 내놓았습니다.

이순신 장군은 울돌목의 복잡한 지형과 조수 간만 차를 이용해 왜군에게 맞서고자 했습니다. 좁은 해협에서는 적은 수의 배들만 통과할 수 있어 때만 잘 맞추면 아무리 왜군이 많다고 해도 각개격파가 가능하고, 바닷물 방향이 바뀌면 역습을 가해 혼란에 빠진 왜군을 무찌를 수 있다고 본 것입니다. 이순신 장군은 울돌목에 대한 정보를 숨기기 위해 벽파진에서 왜군을 15일간 유인했습

✖ 이후 칠천량해전에서 전사한 이억기 장군의 후임으로 전라우수사에 부임한 김억추가 1척을 더 이끌고 와 총 13척이 됩니다.

니다. 실제로 유인책에 걸린 왜군 선발대가 8월 28일과 9월 7일 어란포와 벽파진 일대로 쳐들어왔으나 매번 우리 함대에 의해 쫓겨난 바 있습니다.

한편 칠천량에서 조선 수군을 궤멸시켰다고 생각한 왜군은 300척의 대함대를 이끌고 진도 방향으로 쳐들어왔습니다. 제아무리 이순신이라도 12척의 함선으로는 역부족일 것이라고 본 것입니다. 이참에 이순신을 제거하고 조선 수군을 완전히 짓밟아 전쟁을 방해하지 못하게 하려는 의도도 있었습니다. 특히 형(구루지마 미치유키)을 당포에서 잃었던 구루지마 미치후사는 복수심에 타올랐습니다.

9월 16일, 마침내 왜군 함대가 어란포에 당도했습니다. 왜군의 침공 소식에 이순신 장군은 출전에 앞서 장병들을 독려했습니다.

"살고자 하면 죽을 것이요, 죽고자 하면 살 것이다."

그리고 12척의 함대에 출동 명령을 내려 울돌목으로 향했습니다. 이순신 장군은 울돌목 해협에 닻을 내려 진을 펼치는 한편 함께 싸우고자 나선 100여 척의 어선들을 군함으로 꾸며 지원 부대처럼 보이게 했습니다.

전투는 오전부터 시작되었습니다. 왜군 함대는 빠른 물살을 타고 울돌목으로 들어왔고, 이순신 장군이 지휘하는 대장선이 진두에 서서 이들을 포격했습니다. 이순신 장군의 예상대로 수로가 좁아 통과할 수 있는 배가 적었기 때문에 들어오는 왜군을 각개 격파할 수 있었습니다. 문제는 왜군의 압도적인 병력에 겁을 먹은 장수들이 도망칠 궁리를 하고 있었던 것입니다. 이 때문에 전투 초반에는 이순신 장군이 이끄는 대장선만 필사적으로 싸웠습니다.

그러다가 이순신 장군의 초반 분투를 본 거제현령 안위와 중군장 김응함의 판옥선이 대장선을 지원하러 왔습니다. 이순신 장군은 나머지 함대에게

전라우수영

병선으로 가장한
어선 10여 척

해남

조선 수군 12척

울돌목

진도

녹도

일본군 130여 척

명량대첩 전개도

호통을 쳤습니다. "군법에 의해 죽고 싶은가!"

전면에 나서서 싸우는 함선이 3척이 되면서 전세는 약간 유리하게 바뀌었습니다. 이들의 분투에 뒤에서 관망하던 함대들도 용기를 얻고 왜군을 무찌르기 시작했습니다.

격전 중에 왜장 구루지마 미치후사의 안택선이 우리 수군의 포격으로 침몰하면서 구루지마 미치후사가 물에 빠졌습니다. 안골포에서 조선에 투항해 함께 싸웠던 항왜 준사가 물 위로 떠오른 구루지마 미치후사를 가리키며 외쳤습니다.

"저 붉은 옷을 입은 자가 바로 구루지마 미치후사입니다."

이순신 장군은 구루지마 미치후사의 시체를 토막 내고 그 목을 갑판에 내걸었습니다. 그러자 우리 수군의 사기가 급격히 올라갔고 왜군은 공포에 질려 전의를 상실했습니다.

정오가 되어 물살이 뒤바뀌었습니다. 왜군은 더 이상 울돌목으로 들어갈 수 없었고, 그렇다고 뱃머리를 돌려 나가려 해도 좁은 해협에 너무 많은 수의 함대가 몰려 있어 빠져나가지 못하고 우왕좌왕했습니다. 우리 수군이 역으로 반격할 수 있는 유리한 상황이 조성된 것입니다.

오후 1시가 되자 물살은 더 빨라졌고 이순신 장군은 함대에 총공격 명령을 내렸습니다. 우리 함대는 닻을 올리고 일제히 돌격해 왜군을 공격했습니다. 빠른 물살을 타고 왜군 함선을 들이받아 깨뜨리는 한편 함포와 화살을 쏘아 격침했습니다. 왜군 함대는 역습에 여지없이 깨졌고 자신들끼리 부딪혀 침몰하거나 암초나 이미 파괴된 함선의 잔해에 좌초되는 등 아비규환이 따로 없었습니다.

마침내 명량대첩에서 이순신 장군이 이끄는 우리 함대는 13척의 배로 133척(배후 함선까지 합치면 300여 척)의 함대에 맞서 31척을 격침하고 100척 이상을 못 쓰게 만드는 기적적인 승리를 이루어냈습니다. 구루지마 미치후사를 비롯한 수많은 왜장이 우리 수군에게 처단되었고 왜군은 말도 안 되는 참패에 망연자실해 도망쳤습니다. 믿기지 않는 승리에 우리 수군 장병 모두는 기뻐했고 육지에서 이 광경을 지켜보던 백성들도 기쁨의 눈물을 흘렸습니다.

참으로 천행이었다.
- 《난중일기》 1597년 9월 16일

명량대첩은 아무리 불리한 상황이더라도 주변 상황을 이용해 유리하게 바꾸는 지휘관의 탁월한 통찰력과 지도력 그리고 이를 믿는 장병과 백성들의

명량대첩 기록화

일심단결이 기적 같은 승리를 만들었음을 보여줍니다. 2022년 카타르 월드컵에서 우리나라 대표팀이 기적적으로 16강에 진출하며 유명해진 '중요한 것은 꺾이지 않는 마음'이라는 문구처럼 이순신 장군 휘하 수군 장병과 백성들은 어려움 속에서도 반드시 왜군을 물리치고 나라를 지키겠다는 꺾이지 않는 투쟁 정신으로 일치단결했습니다.

울돌목에서의 단 한 번의 승리로 이순신 장군은 우리 수군이 건재함을 보여주었습니다. 명량대첩을 계기로 우리 민족은 반격에 나섰으며 왜군은 침략을 포기하고 다시 남해안 일대로 후퇴할 수밖에 없었습니다.

명량대첩은 쇠사슬로 이겼다?

13척 대 133척에서의 승리. 명량대첩의 결과가 워낙 믿기지 않다 보니 그 승리의 비결에 대해서도 많은 이야기가 오갑니다. 그중 하나가 울돌목 바다에 쇠사슬을 설치해 놓은 뒤 조수 때를 맞춰 이를 당겨 왜선들을 좌초시켰다는 주장입니다. 이는 전라우수사 김억추의 후손들이 그의 공을 기려 저술한 《현무공실기》에서 처음 나왔고, 사극에서도 이 이야기를 활용하면서 유명해졌습니다. 그래서인지 우수영에는 바다에 설치한 당시의 쇠사슬을 재현한 전시물도 있습니다.

그러나 울돌목에서 쇠사슬로 왜군을 무찔렀다는 이야기는 사실이 아닙니다. 울돌목은 수심이 깊고 물살이 빠릅니다. 쇠사슬을 놓아도 금세 물살에 뜯겨 떠내려갑니다. 게다가 쇠사슬 한 줄로 100척이 넘는 대함대를 좌초시켰다는 것도 비현실적입니다.

물론 여수 좌수영 앞바다에 기지 방어용으로 쇠사슬을 설치한 바가 있습니다. 여수 앞바다는 물결도 잔잔하고 수심도 깊지 않아 쇠사슬을 설치할 수 있었지요. 하지만 이를 울돌목 바다에 적용시키기에는 무리가 있습니다. 또한 밑바닥부터 수군을 재건하던 이순신 장군에겐 자원이 한정되어 있었기 때문에 왜선을 좌초시킬 길고 튼튼한 쇠사슬을 짧은 시간 내에 만드는 것은 불가능했을 것입니다. 차라리 그 자원으로 화포나 화살을 만드는 것이 훨씬 낫습니다.

우수영 관광지에 재현된 쇠사슬 유적

결국 명량대첩의 승리는 지형적 조건과 기후를 이용한 전략과 전술, 튼튼한 군함, 그리고 어떤 역경에도 희망을 잃지 않았던 이순신 장군과 이를 믿고 굳게 뭉친 남해안 군민들이 이루어낸 것이라 할 수 있습니다. 굳이 쇠사슬이 없어도 이길 수 있었던 것이지요.

명량대첩비에 얽힌 일화

우수영 관광지에는 명량대첩의 승리를 기리는 명량대첩비(보물 제503호)가 있습니다. 이 비석은 이순신 장군을 기리며 명량대첩을 잊지 않고 기념하던 해남, 진도 백성들의 건의로 1686년(숙종 12년)에 조정에서 글을 짓고 2년 뒤 전라우수사 박신주가 건립한 것입니다. 높이 2.67미터, 너비 1.14미터의 이 웅장한 비석에는 당시 전투 과정이 세세히 그려져 있습니다. 그리고 이 비석은 나라에 큰일이 닥칠 때마다 땀을 흘렸다고 합니다.

명량대첩비 역시 일제강점기 때 다른 임진왜란 기념물과 마찬가지로 고난을 겪었습니다. 일본은 자기 조상들이 명량에서 말도 안 되는 참패를 당했다는 사실을 어떻게든 역사에서 지우려 했습니다. 1942년 일본 경찰이 해남 우수영에 있던 이 비석을 어린 학생 300~400명을 강제 동원해 파내어 어디론가 보내버렸습니다. 그런데 이 비석을 실은 배가 아무리 노를 저어도 1시간 동안이나 움직이지 않더랍니다. 역사를 부정하고 없애려는 일제 침략자들에 대한 우리 조상의 분노였는지도 모릅니다.

그렇게 어디론가 옮겨져 오랫동안 행적이 묘연했던 명량대첩비는 해방 직후 덕수궁 뒤뜰에 파묻힌 채로 발견되었고, 많은 이의 노력으로 해남으로 돌아올 수 있었습니다. 그 후 명량대첩비는 조작 시비에 휘말렸습니다. 해남의

명량대첩비

한 향토사학자가 숙종 때 제작되고 일제의 만행에 수난을 겪었음에도 비석이 상처 하나 없이 깨끗하다고 지적한 것입니다.

하지만 이 비석을 파낼 때 강제로 동원된 주민들이 조작 의혹을 일축했고, 문화재청에서도 1910년에 찍은 탁본과 현 비석의 내용이 같음을 들어 반박하면서 조작 논란은 일단락되었습니다.

명량대첩비에 얽힌 일화는 역사를 부정하고 없애버리려는 시도가 있더라도 세상이 기억하는 한 역사는 절대 사라지지 않으며 반드시 제자리를 찾아온다는 진리를 보여줍니다.

실패한 전투인가, 반쪽의 승리인가

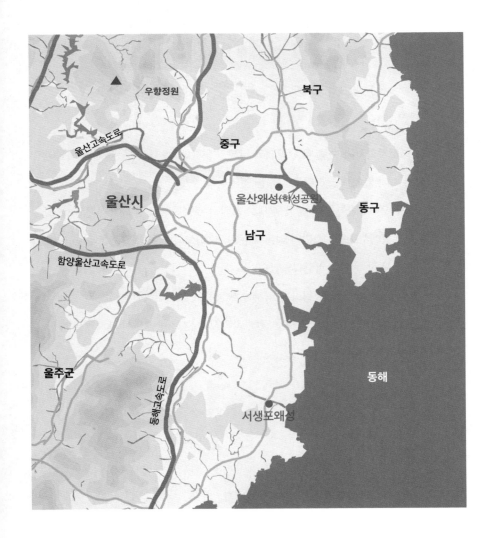

세 번째로 찾아갈 정유재란 전적지는 울산입니다. 울산은 정유재란 당시 2번대 침략군 수괴 가토 기요마사가 주둔하던 곳으로, 그는 울산 서생포와 태화강변에 왜성을 쌓고 이곳을 근거지로 침략 전쟁을 이어나갔습니다. 명량대첩 이후 정유재란 최대 공성전인 울산성전투가 벌어진 격전지이지요.

우리의 여정은 울산성전투가 벌어졌던 학성공원(울산 도산성)을 먼저 살펴보고, 남쪽으로 내려가 왜군의 본진이 있던 서생포왜성을 살펴볼 것입니다. 두 왜성을 돌아보면서 임진왜란 당시 왜군의 생생한 침략 현장을 느껴봅시다. 울산을 해방하기 위한 우리 조상들의 투쟁 정신도 함께 생각해 봅시다.

✠ 울산 학성공원

울산성전투가 펼쳐졌던 울산왜성(일명 도산성)은 '학성공원'이라는 이름으로 잘 알려져 있습니다. 울산 도심에서 태화강과 동천이 서로 만나는 학성산에 자리 잡은 학성공원은 주택가 사이에 둘러싸여 주민들의 산책 장소로 쓰이고 있습니다.

학성공원 곳곳에서 울산왜성의 흔적을 찾아볼 수 있습니다. 입구에 울산성전투를 소개하는 전시물과 울산성을 공략하는 조명연합군 조각이 있으며, 등산로 곳곳에 산의 급경사를 이용해 쌓은 왜성 특유의 마름모꼴 석축이 조성되어있습니다. 물론 임진왜

학성공원 전경과 학성공원 내의 울산왜성의 흔적

란 당시에 비하면 성의 상당 부분이 훼손되었지만 왜성 특유의 구조(산노마루-니노마루-혼마루)가 잘 남아있습니다. 학성공원 정상에 오르면 울산 시내와 태화강 전경이 훤히 보입니다.

정유재란 당시 울산왜성은 가토 기요마사 주도 아래 본성인 서생포왜성을 북쪽에서 방어하고자 울산성과 경상좌도 병영성을 뜯어 구축했습니다. 울산왜성 곳곳에 학성 지형을 이용해 석축을 쌓고 목책과 해자를 설치해 방어력을 높였지요. 지금은 태화강 일부가 매립되어 태화강과 울산왜성이 적잖게 떨어져 있지만 임진왜란 당시에는 태화강 물길이 울산왜성 바로 앞까지 들어왔기에 태화강과 동해로 이어지는 뱃길을 통해 물자 운송과 연락에 유리했을 것입니다. 다만 본성이 아닌 자성(방어 요새)이다 보니 왜성 특유의 거대한 지휘 첨탑인 천수각을 세우지 않았고 군량 창고 역시 크게 짓지 않았습니다.

이 울산왜성에서 정유재란 최대의 공성전인 울산성전투가 벌어집니다. 명량대첩과 직산전투 승리로 승기를 잡은 우리 민족은 대대적인 반격에 나서며 삼남 지방을 빠르게 수복했고, 왜군을 남해안 일대 왜성에 몰아넣었습니다. 또한 왜군의 근거지인 왜성을 공략해 이 땅에서 왜군을 완전히 몰아낼 계획까지 세우게 되었습니다.

조명연합군은 울산왜성을 공략하기로 결정하고 5만 7,000명의 병력(조선 1만 2,500명, 명나라 4만 4,800명)을 동원해 1597년 12월 23일 울산으로 진격해 경주를 사령부로 삼아 울산왜성을 포위하고 공성전에 들어갔습니다. 울산왜성에 주둔한 1만 6,000명의 왜군은 전반적으로 불리한 상황이었습니다. 성안의 군량은 2~3일분에 지나지 않았고 우물이 없어 물을 공급하기도 어려웠습니다. 왜군이 물을 구할 수 있었던 유일한 수원은 태화강이었지만 조명연합군이 지키며 물을 구하러 나오는 왜군을 요격하는 상황이었지요. 조명연합군은 성을 완전히 포위하며 주변 왜성(서생포, 부산 등지)에서의 지원군을 차단했습니다. 울산왜성은 그야말로 '독 안에 든 쥐'였습니다.

조명연합군은 총통 포격과 화공을 이용해 성을 여러 차례 공략하며 많은 왜군을 살상했으나 성안의 왜군 역시 악착같이 저항했습니다. 추운 겨울에 벌어진 전투인데다 겨울비까지 내려 양측 모두 위축되기는 마찬가지였습니다. 마침 이번 답사 여행에서 울산왜성을 찾아갔을 때 겨울비가 내렸는데 비를 맞으며 학성공원

울산성전투도(출처: 울산박물관)

곳곳을 돌아보니 당시 전투 상황이 그려지는 듯했습니다.

수일간 공성에도 불구하고 울산왜성이 함락되지 않자 조명 연합군은 성을 봉쇄하고 말려 죽이는 전략을 사용했습니다. 조명 연합군의 봉쇄 속에서 왜군은 점차 수렁에 빠졌습니다. 군량은 일찌감치 바닥나서 성안의 말을 잡아 연명했고, 이마저도 고갈되자 종이를 씹거나 흙을 삶아 먹었습니다. 식수 역시 고갈되어 빗물을 받아 마시다가 이마저도 여의치 않자 시체의 피나 동료들의 오줌을 마시는 형편이었습니다. 오랜 고립 속에 굶어 죽거나 병들어 죽는 자들이 속출했고, 가토 기요마사는 울산왜성으로 들어온

울산성전투도에서 묘사된 말을 잡아 연명하는 왜군

것을 후회하며 할복자살을 고민했다고 합니다.

울산왜성 공략은 해를 넘겨 진행되어 1598년 1월 4일, 조명연합군의 총공세가 전개되었습니다. 그러나 울산왜성을 도우러 온 왜군 6만 명이 태화강을 통해 상륙해 조명연합군을 공격했습니다. 오랜 기간 전투로 지친 데다 왜군이 양쪽에서 반격할 것을 우려한 조명연합군은 결국 포위를 풀고 경주로 철수했습니다. 물론 그냥 물러나지 않고 퇴각로 곳곳에 병력을 매복해서 쫓아오는 왜군을 급습했습니다.

조명연합군은 비록 울산왜성 공략에는 실패했으나 왜군의

1872년 제작된 울산서생진진도.
외성 지역에 자리 잡은 동첨절제사영과
산지에 있는 내성이 잘 묘사되어있다.

절반 이상을 궤멸시키는 성과를 거두었습니다. 성을 지켜냈지만 피해가 막심했던 가토 기요마사는 전투 다음 날인 1월 5일, 울산왜성을 비우고 서생포왜성으로 퇴각했습니다. 그는 일본으로 후퇴할 때까지 울산 밖으로 침략할 엄두를 내지 못하고 서생포에 틀어박혀 지냈습니다.

가토 기요마사는 이때 겪은 충격이 워낙 컸는지 일본으로 도망친 후 자신이 다스리던 구마모토 지방에 새롭게 성을 쌓을 때 성안 곳곳에 우물을 120개나 파고, 다다미도 비상식량으로 쓸 수 있는 토란대로 짰으며, 성벽에 수많은 조롱박을 다는 등 장기전에 철저히 대비했다고 전합니다.

울산성전투의 결과만 놓고 보면 조명연합군은 성 공략에 실패했고 왜군은 성을 지키는 데 성공했습니다. 하지만 전투 결과 왜군은 궤멸했고 가토 기요마사는 울산성을 포기하고 서생포로 퇴각했으며 종전 때까지 침략 전쟁을 벌이지 못했습니다. 결국 울산성전투는 왜군을 크게 약화시키고 울산 일대에 발을 묶었다는 점에서 '절반의 승리'가 아닐까 합니다.

몇 년 전 울산시에서 울산성전투를 기념한다는 명목으로 왜장 가토 기요마사의 동상을 학성공원에 세우려는 계획을 내놓았다가 시민들의 반발로 철회된 바 있습니다. 역사 의식 없는 문화재 보존·개발 실태를 적나라하게 보여준 사례입니다.

✖ 서생포왜성

울산왜성을 뒤로하고 남쪽으로 내려가 봅시다. 울산 시내에서 31번 국도를 타고 내려가면 울산 석유화학공단이 나오고 이를 지나 45분 정도 가면 서생포와 드넓은 동해가 펼쳐집니다. 그리고 서생포에서 오솔길을 따라 내륙으로 들어가면 거대한 서생포왜성이 우리를 맞이합니다.

서생포왜성은 임진왜란 당시 가토 기요마사의 본거지였습니다. 그래서 울산왜성보다 훨씬 큰 규모(연면적 15만 제곱미터, 동서 870미터, 남북 370미터)와 복잡한 구조를 갖추고 있지요. 서생포 뒷산의 급경사 능선을 이용해 쌓은 서생포왜성은 산 중턱의 내성과 드넓은 외성으로 구성되어있습니다. 외성에는 병사들이 주둔하던 병영이 조성되었고 동쪽 끝에는 동해와 이어지는 대규모 포구가 있었습니다.

내성은 2~3중 구조로 튼튼히 쌓았으며, 성 주변으로는 참호를 파놓아 방어력을 높였습니다. 서생포왜성 정상에는 천수각이 세워졌던 천수대가 있고, 천수대 위에서는 푸른 동해가 펼쳐집니

다. 북쪽을 바라보면 울산 시내와 울산왜성도 어렴풋이 보입니다. 실제로 왜군은 봉화를 이용해 본성인 서생포왜성과 자성인 울산 왜성 간의 소식을 주고받았다고 합니다.

비록 포구가 조성되었던 곳은 매립되어 육지로 변했고 외성 대부분은 서생포 마을로 바뀌었지만 서생포왜성은 남해안에 남아 있는 왜성 중 상당히 잘 보존되어있습니다. 전쟁 이후 경상좌수영 수군에서 서생포왜성의 외성을 동첨절제사영 기지로 사용하면서 내성은 군사 기지로 묶여 방치되었고 이것이 훼손 없이 오늘날까지 보존되는 데 큰 역할을 한 것입니다. 또한 외성에 새롭게 세워진 수군 기지를 중심으로 마을이 형성되어 오늘날까지 이어지고

서생포왜성 망해대에서 바라본 동해

있으니 서생포 역사에서 서생포왜성은 중요한 위치를 차지한다
고 볼 수 있습니다.

　　산 아래 드넓은 외성과 산 중턱에 잘 구축된 내성을 답사하
며 임진왜란 때 왜군이 서생포왜성을 장기전을 위한 근거지로만
사용하지 않고 이곳을 거점으로 이 땅을 영원히 지배하려던 침략
야욕을 느낄 수 있었습니다.

사명당

울산에 소재한 두 왜성을 돌아보다 보니 사명당을 언급하지 않을 수 없습니다. 사명당은 임진왜란 당시 금강산에서 승병을 일으켜 묘향산까지 와서 스승인 서산대사와 함께 평양성전투에 참여했습니다. 평양성전투 이후로도 사명당은 의병과 승병을 이끌며 많은 전투에서 왜군을 무찔렀습니다.

전쟁 소강기에는 왜군과 강화 교섭을 벌였습니다. 이때 유명한 일화가 바로 서생포왜성에서의 가토 기요마사와의 담판입니다. 총 네 차례에 걸쳐 울산 서생포에서 담판을 벌였는데, 매번 당당한 모습과 명철한 논리로 가토 기요마사를 크게 당황시키며 감탄을 자아내게 했습니다. 그중 한 번은 이런 일이 있었습니다. 담판 도중에 가토 기요마사가 사명당에게 물었습니다.

"조선에서 가장 귀한 보물이 무엇이오?"

"바로 그대의 목이오."

가토 기요마사가 그 이유를 묻자 사명당은 이렇게 대답했습니다.

"그대의 목에 천금과 온갖 높은 벼슬직이 걸려 있어 온 나라가 그대의 목을 치고자 단단히 벼르고 있으니 말이오."

이 대답을 들은 가토 기요마사는 사명당의 대범함에 크게 감탄했습니다.

사명당 영정(출처: 영은사)

　전쟁 후에도 사명당은 일본에 사절로 파견되어 임진왜란 때 납치당한 우리 백성들을 구출해 돌아왔습니다. 임진왜란 시기 승병 활동과 전후 포로 송환 과정에서 펼친 활약을 바탕으로 백성 사이에는 사명당의 업적을 칭송하는 많은 이야기가 전설처럼 퍼져나갔습니다.

7년 전쟁의 끝

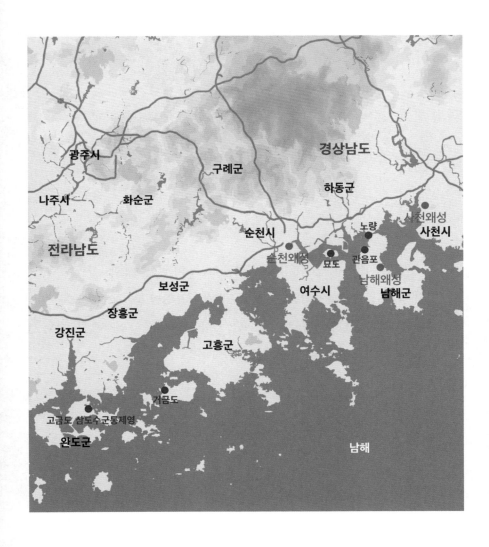

임진왜란 전적지를 돌아보는 여정도 이제 막바지에 다다랐습니다. 이번 여정에서는 고금도에서부터 순천왜성을 거쳐 노량 앞바다까지 7년 동안의 전쟁의 마지막 순간을 함께 돌아보려 합니다. 남해안 곳곳에 어린 최후의 전적지들을 돌아보며 왜군을 완전히 몰아내고 나라와 민족의 자주권을 완전히 되찾고자 우리 조상들이 어떻게 싸웠는지 살펴봅시다. 나아가 임진왜란이 왜 우리 민족의 위대한 승리인지, 오늘날 우리에게 주는 교훈은 어떤 것이 있는지 생각해 봅시다.

✠ 고금도

여정은 완도 옆에 자리 잡은 섬인 고금도에서 시작합니다. 고금도는 묘당도와 고금도 두 개 섬으로 이루어져 있는데 원래 두 섬은 떨어져 있었으나 조선시대부터 다리를 설치하고 두 섬 사이의 갯벌을 메워 하나의 섬이 되었습니다. 목포 고하도에서 함대를 재건했던 이순신 장군은 더 큰 싸움을 준비하기 위해 1598년 2월 17일 고금도로 통제영을 옮겼습니다. 고하도는 방어와 수군 재건에는 유리했으나 서쪽에 치우쳐 큰 바다로 진출하기에 불리하고 왜군의 동태를 살피는 데도 어려웠기 때문입니다.

반면 고금도는 당시 고니시 유키나가가 주둔하던 순천왜성과 시마즈 요시히로가 쌓은 사천왜성과도 가까워 동태를 살피는

1872년에 제작된 고금도진 지도

데 유리했습니다. 또한 주변에 크고 작은 섬들이 가려주어 방어에 유리하고 섬 자체도 고하도보다 크고 백성도 많이 살아 더 많은 군량미를 생산할 수 있었습니다. 이러한 조건들이 통제영을 고금 도로 옮기는 데 결정적으로 작용한 것이지요.

함대를 이끌고 고금도에 도착한 이순신 장군은 곧바로 새로 운 통제영을 설치하고 함대 재건 사업을 꾸준히 이어 나갔습니다. 고금도로 통제영이 옮겨갔다는 소식을 듣고 남해안 백성들은 고 금도로 따라와 수군 재건 사업을 적극 도왔습니다. 이순신 장군이 남해안 백성들의 어업 행위를 보장하고 재건 자금을 마련하고자 해로통행첩을 발행할 때도 백성들은 앞장서서 군량미를 바쳤으 며 가지고 있던 쇠나 구리 등도 십시일반으로 모았습니다.

이순신 장군의 열정적인 지도와 백성들의 적극적인 동참 속 에서 함대 재건 사업은 빠른 속도로 성과를 냈습니다. 고금도에서

고금도 충무사와 이순신 장군의 시신이 잠시 안치되었던 월송대

새롭게 건조한 함선만 40척이 넘었고, 새로 모은 병력은 8,000명에 달했으며, 군량미는 1만 석으로 수군 장병과 남해안 백성들을 모두 먹이고도 남을 정도였지요. 명량대첩 당시 13척에 불과했던 수군의 규모가 1년도 채 안 되어 전성기 수준(군함 90여 척, 병력 1만 3,000명)으로 회복한 것입니다. 전쟁으로 온 국토가 피폐해진 상황에서 수군이 자리 잡은 고금도만큼은 그야말로 '해방구'나 다름없었습니다. 이처럼 역사적으로 중요한 장소임에도 현재 고금도에는 통제영이 있던 자리에 조성된 충무사와 조명연합군 결성을 기념한 관왕묘 터, 노량해전 직후 이순신 장군의 시신이 잠시 안치되었던 가묘 터(월송대) 외에 남아있는 것이 별로 없습니다.

그나마 최근에 완도군에서 고금도 통제영 복원을 추진하면서 근처에 임진왜란 및 통제영 전시관을 조성하고 있습니다. 답사를 갔을 때는 내부 공사가 한창 진행 중이어서 둘러볼 수 없었지만 그래도 섬 곳곳의 아름다운 풍경과 유적을 감싸듯 아늑하게 펼쳐진 포구를 보면서 과연 이곳이 임진왜란 최후의 통제영 자리로 안성맞춤이구나 제대로 느끼고 돌아왔습니다.

✖ 순천왜성

고금도를 뒤로 하고 순천으로 가봅시다. 77번 국도를 타고 강진을 거쳐 장흥으로 나온 뒤 남해고속도로를 타고 동쪽으로 가다 보면 이내 여수, 광양 등과 함께 전남 동부 최대 도시권을 형성한 순천에 도착합니다. 우리가 돌아볼 순천왜성은 순천만과 율촌 공단이 위치한 순천 남쪽에 자리 잡고 있습니다.

남해안 왜성 중 가장 서쪽에 있는 순천왜성은 정유재란 당시 고니시 유키나가 휘하 왜군이 쌓은 성으로 성을 쌓을 때 바닷물을 끌어들여 해자를 조성하고 그 위에 널빤지 다리를 놓았기에 '왜교성' 또는 '예교성'이라고 불립니다. 임진왜란 당시 라이벌이었던 고니시 유키나가와 가토 기요마사의 관계를 증명하듯 가토 기요마사가 주둔하던 서생포왜성과 더불어 현존하는 왜성 중 거대한 규모(연면적 3만 7,000평, 외성 길이 2,502미터, 내성 길이 1,342미터)로 쌍벽을 이룹니다. 순천왜성 안에 들어가 2~3중으로 축성된 성 구조를 본 후 천수대에 오르면 그 규모를 더욱 실감할 수 있습니다. 천수대에서는 아름다운 순천만 절경과 더불어 광양, 사천, 남

<정왜기공도권>에 묘사된 순천왜성

해 앞바다까지 잘 보입니다.

거대한 순천왜성을 근거지로 고니시 유키나가 휘하 왜군은 정유재란 당시 호남 각지를 피바다로 만들었습니다. 하지만 가장 서쪽에 자리 잡고 있어 우리 민족의 반격에 취약하고 다른 왜성과의 연계가 잘 이루어지지 않는다는 치명적인 단점이 있었습니다. 명량대첩 이후 패색이 짙던 상황에서 이 단점은 더욱 부각되었지요. 바다에서는 이순신 장군이 이끄는 수군이 재해권을 틀어쥐고 있었고, 육지에서는 조명연합군이 복수의 칼날을 갈며 대규모로 공격해 왔기 때문입니다. 여기서 소개할 순천왜성전투가 바로 그 상황입니다.

왜군을 완전히 몰아내려는 우리 민족의 투쟁은 1598년에 더욱 거세졌고, 왜군은 이제 침략은커녕 왜성을 유지하는 것도 어려워져 본토로 도망칠 궁리만 했습니다. 이런 와중에 8월 17일 도요

순천왜성

천수대에서 바라본 순천만

토미 히데요시가 병으로 사망했다는 소식이 들려왔습니다. 왜군 장수들은 본국으로의 철수를 더욱 서둘렀습니다.

한편 조명연합군은 사로병진작전을 짰습니다. 육지의 세 개 경로와 바다에서의 수군 협공으로 남해안에 있는 왜성을 파괴하고 왜군을 격멸하는 작전입니다. 이에 따라 8월부터 육지에서는 서생포왜성(가토 기요마사), 사천왜성(시마즈 요시히로), 순천왜성(고니시 유키나가)을 향해 세 개 부대가 진격했고, 바다에서는 이순신 장군이 명나라 수군 제독 진린과 함께 연합 함대를 구성해 협공했습니다. 사로병진작전에 따라 순천왜성에서 벌어진 전투는 명나라 제독 유정이 이끄는 2만 6,000명의 명나라군과 도원수 권율 장군이 이끄는 우리 군대 1만 명이 9월 19일부터 순천왜성을 공격한 것입니다. 이순신 장군 역시 이때 진린 제독과 더불어 연합 함대를 이끌고 순천만 앞바다를 봉쇄했습니다.

육지에서의 공성전은 순탄치 않았습니다. 왜군의 극렬한 저항에 명나라 제독 유정이 소극적으로 임했고, 결국 고니시 유키나가의 뇌물을 받고 전투를 포기했기 때문입니다. 이런 와중에 이순신 장군과 진린 제독이 이끄는 수군은 10월 2일 단독으로 작전을 수행했습니다. 비록 수군은 상륙전을 전제하지 않기에 전투가 제한적일 수밖에 없지만 밀물을 이용해 순천만 내부로 진입한 우리 함대는 순천만 앞 장도 근처에서 왜선 30여 척을 격침하고 11척을 나포했으며 왜군 3,000명을 살상하는 전과를 올렸습니다.

그러나 애초에 육지의 군대가 소극적으로 나왔기에 순천왜성을 점령할 기회를 놓치고 말았습니다. 더군다나 썰물 때에 맞춰 순천만에서 빠져나온 우리 함대와 달리 조선 해안 지형에 익숙하지 않았던 명나라 함대는 순천만 갯벌에 좌초당해 왜군의 역습을 받았고, 명나라군을 구출하러 나선 사도첨사 황세득이 퇴각 과정에서 전사하는 피해를 입었습니다. 결국 10월 9일 육지의 조명연합군은 퇴각했고 우리 수군도 고금도 통제영으로 되돌아갔습니다.

순천왜성전투는 명나라 육군의 태만으로 압도적인 육군과 수군 병력(총 5만 이상)을 가지고도 성을 점령하지 못한 점에서 매우 아쉽습니다. 차라리 울산성전투처럼 오랫동안 성을 포위해서 장기전으로 갔으면 좋았을 텐데 명나라군이 몸을 사리면서 육지 전투가 제대로 이루어지지 못했지요. 순천왜성전투는 외세가 우리 운명을 절대로 지켜주지 않는다는 것을 보여준 또 하나의 사례입니다. 그래도 수군의 활약으로 왜군에게 큰 타격을 주었고, 특히 순천만 일대를 봉쇄하며 고니시 유키나가의 퇴로를 완전히 차단해 사면초가에 빠지게 만들었다는 점에서 의의가 있습니다.

순천왜성 근처에는 이순신 장군을 모신 사당인 충무사가 있습니다. 순천 충무사는 전쟁이 끝난 지 100년이 흐른 1697년에 마을 주민들이 세웠는데 다음과 같은 일화가 전해집니다.

전쟁이 끝난 지 100년이 다 되어가던 때 밤만 되면 웬 곡소리가 바닷가에서 들려왔습니다. 이를 임진왜란 순천왜성전투 때 죽은 왜군의 원혼이 벌이는 짓이라고 여긴 마을 주민들은 해결 방법을 고심하다가 일본인이 이순신 장군을 가장 두려워한다는

순천 충무사

사실을 생각해냈습니다. 이에 마을 주민들이 힘을 모아 이순신 장군 사당을 세우고 제사를 올리니 신기하게도 곡소리가 그쳤다고 합니다.

충무사는 일제강점기 때 민족의식을 말살하려 했던 일제에 의해 훼손되었으나 해방 후 다시 복원되었으며 이순신 장군뿐 아니라 그의 곁에서 맹활약했던 송희립, 정운 두 장수도 함께 모셔졌습니다. 순천왜성 근처에 백성들이 충무사를 세운 이야기는 전쟁 뒤 오랜 세월이 흐르고도 우리 백성들이 이순신 장군을 얼마나 존경하고 흠모했는지를 보여줍니다. 사람의 일생은 유한하지만 그의 행적과 업적은 영원하다는 사실을 새삼 느낍니다. 나라와 민족을 위해 헌신한 사람의 일생은 집단과 구성원이 기억하는 한

죽지 않고 계속 이어집니다.

✖ 노량 앞바다

마지막 답사지인 노량을 향해 발걸음을 서둘러봅시다. 순천에서 남해고속도로를 타고 광양을 거쳐 섬진강 하구를 건너면 경상남도 최서남단에 자리 잡은 하동에 다다릅니다. 하동에서 19번 국도로 갈아타고 남쪽으로 향하면 이내 노량해협이 나타납니다. 노량해협 건너편이 남해군이 위치한 남해섬이고, 육지와 남해군은 노량대교와 남해대교 두 다리로 연결되어있습니다.

남해군으로 건너가 먼저 이순신 장군을 모신 사당인 남해 충렬사(사적 제233호)에 들러봅시다. 충렬사는 노량해전 직후 이순신 장군의 시신을 고금도 통제영으로 옮겨가기 전에 열흘 동안 안치했던 곳이었습니다. 전쟁 35주기인 1638년(인조 16년) 이순신 장군을 기린 자그마한 사당이 이 자리에 처음 지어졌고, 1658년(효종 9년) 조정에서 대대적으로 개건하고 현종 대에 '충렬사' 현판을 내려 공식 사당으로 기리기 시작했습니다. 남해안 곳곳에 이순신 장군을 기린 사당이 많지만 최후를 맞이한 바다 근처인데다 시신이 잠시 안치되었던 곳에 세워진 사당이어서 더 특별하게 느껴집니다.

충렬사에 참배한 뒤 남쪽으로 7분 정도 내려가면 관음포에 다다릅니다. 충렬사에서도 노량 앞바다를 볼 수 있지만 노량해전

남해 충렬사와 이충무공 가묘 터

이 벌어진 현장을 제대로 살펴보려면 관음포가 제격입니다. 관음포에서는 노량해협뿐 아니라 섬진강 하구, 광양제철소까지 훤히 펼쳐집니다. 바로 이곳이 임진왜란 최후의 전투 노량해전이 벌어진 노량 앞바다이고 이순신 장군이 최후를 맞이한 장소입니다.

관음포 앞에 드넓게 펼쳐진 노량 앞바다를 보노라면 이곳에서 치열한 혈전이 벌어졌다는 사실이 믿기지 않습니다. 노량해전 당시 바다는 침몰한 수백 척의 왜선 잔해와 무수한 시체가 떠다녀 바닷물은 핏빛으로 물들고 배는 제대로 못 움직일 정도였다니 상상이 가는지요? 이제부터 그 치열했던 그날로 떠나봅시다.

조명연합군의 사로병진작전은 큰 성과를 내지 못했지만 이미 전의를 상실한 왜군을 더욱 곤경에 빠뜨렸으며 일본으로의 도망을 부추겼습니다. 결국 도요토미 히데요시의 경쟁자였던 도쿠가와 이에야스가 실권을 잡고 조선에서의 철수를 허락하자 왜군

관음포에서 바라본 노량 앞바다

은 11월 15일까지를 기한으로 순차적으로 일본으로 내뺐습니다. 서생포왜성에 틀어박혀 있던 가토 기요마사는 진즉에 부산을 통해 도망쳤고, 사천왜성에 기거하던 시마즈 요시히로 역시 철군 준비를 서둘렀습니다.

　하지만 순천왜성전투 이후 우리 수군에 의해 퇴로가 완전히 봉쇄당한 고니시 유키나가는 곤경에 처했습니다. 어떻게든 살아서 일본으로 돌아가려 했던 그는 이순신 장군과 진린 제독에게 뇌물을 바치며 퇴로를 열어보려 했지만 이순신 장군은 이를 완강히 거부했습니다. 이에 고니시 유키나가는 사천왜성에 있던 시마즈 요시히로에게 도움을 청했고 그는 고니시 유키나가를 구원하기 위해 500척의 대함대를 이끌고 순천만을 향해 출항했습니다.

이 원수를 갚을 수만 있다면 죽어도 여한이 없겠나이다.
– 이순신의 마지막 결의

한편 이순신 장군은 1598년 11월 중순 왜군이 순천과 남해 앞바다에 모여 일본으로 도망칠 것을 예견했고 왜군을 모조리 섬멸할 기회로 삼았습니다. 우리 함대는 남해 관음포에서, 진린이 이끄는 명나라 함대는 건너편 하동 죽도에서 매복하며 왜군을 기다렸습니다. 11월 18일 밤, 마침내 왜군의 대함대는 노량 앞바다에 나타났고 조명연합 함대는 관음포와 죽도 양쪽에서 일제히 기습을 가했습니다. 임진왜란 최후의 전투는 이렇게 시작되었습니다.

우리 함대는 함포로 수많은 왜군 함선을 깨뜨렸으며 북서풍을 이용해 화공으로 왜군 함대를 불태웠습니다. 고니시 유키나가를 구하러 왔다가 위기에 처한 시마즈 요시히로는 이를 모면하고자 상대적으로 약한 명나라 함대를 급습했습니다. 이 과정에서 부총관 등자룡이 장렬하게 전사하고, 진린 제독 역시 죽을 위기에 처했으나 이순신 장군이 이끄는 우리 함대가 나타나 가까스로 살아남았습니다.

어둠 속에서 조명연합 함대와 왜군 함대는 치열하게 싸웠습니다. 그야말로 '한 놈의 적도 살려 보내지 않으려는 자'와 '어떻게든 살아서 도망치려는 자'의 사투였습니다. 왜군은 악착같이 도망치려 했으나 부모 형제를 학살하고 금수강산을 쑥대밭으로 만든 원수에게 피로써 복수하려는 우리 민족의 불타는 적개심과 정신을 꺾을 수는 없었습니다.

조명연합 함대의 맹렬한 공격에서 겨우 살아남은 왜군은 관음포로 몰려들었습니다. 물길이 크고 넓어 큰 바다로 나갈 수 있다고 생각했기 때문입니다. 이는 이순신 장군이 바라던 바였습니다. 들어가는 입구는 크고 넓으나 안쪽은 사방이 가로막힌 관음포는 그야말로 거대한 함정이었고, 관음포 입구를 틀어막고 왜군 함대를 격멸하려 했던 것입니다. 이순신 장군의 전략에 왜군은 그대로 걸려들어 관음포에서 꼼짝할 수가 없었습니다.

하지만 어둠 속에서 펼쳐지는 난전 중에 이순신 장군은 왜군의 총탄에 피격당해 쓰러졌습니다.

"싸움이 급하니 내 죽음을 알리지 말라."

마지막 유언을 끝으로 이순신 장군은 고귀한 한 생을 마쳤습니다. 전사한 이순신 장군을 대신해 조카 이완*과 장군의 충직한 부하였던 부관 송희립, 입부 이순신이 우리 수군을 지휘했습니다. 싸움은 아침까지 이어졌고 관음포에서 궤멸하다시피 한 왜군은 황급히 도주했으나 수많은 왜선이 갯벌과 암초에 걸려 좌초했습니다. 우리 함대는 이를 놓치지 않고 추격해 전부 불태웠고

✱ 이순신 장군 맏형 이희신의 아들입니다.

노량해전 기록화(출처: 제승당)

살아서 도망친 시마즈 요시히로 휘하 왜군 함대는 50여 척에 불과했습니다.

전투에서 대승을 거둔 우리 수군은 서로를 얼싸안고 환호성을 질렀으나 이내 이순신 장군의 부고 소식이 전해지자 통곡 소리로 바뀌었습니다. 그리고 이 소식은 남해안은 물론 조선 전역에까지 전해지며 온 백성이 슬퍼했고 이순신 장군의 장례 행렬에 너도나도 따라나서며 곡하지 않는 사람이 없었다고 합니다.

전투 결과 우리 함대는 200척 이상의 왜선을 격파하고 2만 명의 왜군을 처단하면서 빛나는 승리를 거두었습니다. 비록 고니시 유키나가는 일본으로 도망쳤지만 자신 휘하의 부대가 박살났고, 고니시 유키나가를 도우러 온 시마즈 요시히로 또한 전멸에 가까운 피해를 보았습니다. 얼마나 많은 왜군이 노량해전에서 죽었는지 전투가 끝난 뒤 노량 앞바다는 왜선 잔해와 왜군 시체로 온통 시뻘겋게 변했다고 합니다. 노량해전을 끝으로 우리 민족은 왜군을 완전히 일본으로 몰아내고 7년간의 임진왜란을 승리로 마무리 지었습니다.

노량 앞바다를 바라보며 생각합니다. 이 땅을 지키고자 얼마나 많은 이가 떨쳐 일어나 목숨을 바쳤는지, 피로써 지킨 이 땅의 역사는 얼마나 위대한지를 말입니다. 특히 관음포 전적지에 마련된 이순신 영상관에서 상영한 영상 말미에 나오는 말이 마음속에 울림이 되어 다가옵니다.

"우리가 지켜냈듯 너희도 반드시 지켜라. 이 바다와 이 땅을."

이순신 장군

이순신 장군의 죽음을 둘러싼 낭설

이순신 장군의 최후와 관련된 논쟁은 유명합니다. 대표적인 것이 노량해
전 당시 이순신 장군이 일부러 전사했다는 주장입니다. 이순신 장군의 최후
가 워낙 극적이고 노량해전을 끝으로 7년 동안의 임진왜란이 끝났기에 '이순
신 자살설'은 많은 공감을 불러일으켰지요. 특히 최근 역사 연구를 통해 이순
신 장군을 끊임없이 견제하고 시기했던 국왕 선조의 치졸한 행태가 밝혀지면
서 논란에 기름을 부었습니다.

일찍이 선조는 원균과 신하들의 모함을 명분 삼아 이순신 장군을 죽이려
했다가 양심 있는 신하들의 변호와 백성의 반발에 한발 물러서 백의종군을
내린 바 있습니다. 게다가 선조는 이순신 장군이 바다에서 왜군을 무찔러 온
백성이 믿고 따르는 전설적 지도자로 떠오른 상황을 껄끄러워했습니다.

백성과 장병들의 지지를 받는 이순신 장군이 야망을 품고 내전을 일으켜
조선 왕조를 축출하고 새 왕조를 연다? 그야말로 선조에게는 악몽이나 다름
없습니다. 그래서 전쟁 후반 선조는 이순신 장군을 계속 견제했고 전쟁이 끝
나면 이순신 장군을 숙청하려 했던 것입니다. 이런 선조의 의중은 전쟁이 끝

난 뒤 선무공신 자리에 이순신 장군과 원균을 같이 놓은 것만 보더라도 알 수 있습니다.

선조의 내심을 이순신 장군 역시 모르지 않았고 전쟁이 끝나면 숙청될 것을 아는 상황에서 가문과 명예를 지키기 위해 전장에서 전사하는 모양새로 자결을 택했다는 것이 자살설의 주된 논거입니다. 그러나 이순신 장군이 자살을 택했을 가능성은 적습니다. 그는 노량해전 직전에 남긴 맹세에서도 왜군을 모조리 격멸할 것을 천명했으며 전투 과정에서 피격당해 최후를 맞는 상황에서도 '싸움이 급하니 죽음을 알리지 말라'는 말을 남긴 바 있습니다. 늘 죽음을 각오하고 왜군을 끝까지 처단할 결의를 다졌고 최후의 순간까지도 그 뜻을 놓지 않았던 것이지요.

이런 상황에서 전후에 미칠 정치적 영향을 우려해 자살을 택한다는 것은 어불성설입니다. 역사에 가정은 없지만 노량해전에서 전사하지 않았다면 이순신 장군은 함대를 이끌고 도망치는 왜군을 쫓아 부산포에서 궤멸시키고 아예 대마도까지 정벌했을 가능성이 더 큽니다. 오히려 노량해전에서 이순신

이순신 장군의 생가 자리에 세워진 아산 현충사와 이순신 장군의 묘소(출처: 문화재청)

장군이 최후를 맞음으로써 임진왜란은 대단원의 막을 내린 것이라 할 수 있습니다.

노량해전에서 이순신 장군이 자살을 택했다는 논란이 벌어지는 것은 그만큼 우리가 이순신 장군을 존경하며 그의 최후를 아쉬워한다는 것을 보여줍니다. 하지만 이는 다른 의미로 보면 이순신 장군과 우리 조상의 투쟁 정신을 과소평가하는 것이나 다름없습니다. 오히려 노량해전에서 죽음으로써 전쟁을 끝마쳤기에 비장함은 더욱 배가 되고 고귀한 정신은 후대에까지 빛나는 것이 아닐까 생각합니다.

이순신 장군과 진린 제독의 일화

정유재란 말기 이순신 장군과 진린 제독은 조명연합 함대를 구성해 고하도, 순천왜성 일대에서 왜군을 무찔렀으며 노량해전 때도 연합 함대를 꾸리고 도망치는 왜군을 무찔렀습니다. 육지에서 조명연합군이 활동했으니 바다에서도 연합 작전이 벌어질 수 있었던 것이지만 여러모로 순탄치 않았던 육지와 달리 이순신·진린 연합 함대는 순조롭게 진행되었습니다.

진린 제독은 군사적 재능이 뛰어났지만 탐욕스럽고 전공 세우기에 급급한 성격으로 명나라에서도 말이 많던 인물입니다. 이런 진린 제독이 조선에 수군 5,000명과 함선 500여 척을 이끌고 지원군으로 온다는 소식이 알려지자 조정 대신들은 크게 한탄했습니다. 안 그래도 조정의 사대주의로 인해 군 통제권이 명나라군에 넘어간 상황에서 명나라군의 행패로 골머리를 앓았는데 진린 제독이 오면 상황이 얼마나 더 악화될지 걱정스러웠던 것입니다. 실제로 조선에 당도한 진린 제독은 자신을 제대로 대접하지 않았다는 이유로 한

고금도 통제영 내 관왕묘비. 조명연합군을 기리며
고금도에 세워진 관우 사당에 있던 비석이다.

조정대신의 목에 목줄을 채우고 난
폭하게 끌고 다니기까지 했습니다.

이런 진린 제독을 이순신 장군
은 어떻게 맞아들였을까요? 놀랍
게도 처음부터 원만한 관계를 맺었
습니다. 진린 제독이 함대를 이끌
고 고금도 통제영으로 오자 이순신
장군은 큰 잔치를 열고 명나라 함
대를 반갑게 맞아들였습니다. 우리
수군의 환대에 진린 제독과 명나
라 장병들은 감화되었고 이순신 장
군을 찬양하지 않는 이가 없었습니
다. 조명연합 함대가 공동으로 절
이도에 쳐들어온 왜군을 무찌를 때도 우리 수군은 크게 활약한 반면 명나라
군은 전공을 못 세웠는데도 이순신 장군은 우리 수군이 얻은 왜군 수급 70개
를 진린 제독에게 배려해주었지요.✱

이순신 장군의 배려와 환대에 명나라군은 조선 수군에 대한 호감도가 나
날이 쌓였고 연합 작전은 순조롭게 이루어질 수 있었습니다. 물론 명나라군
에 배려와 환대만 베푼 것은 아니었습니다. 이순신 장군은 원칙을 지켜 조선

✱ 물론 이순신 장군은 우리 수군의 활약을 잊지 않아 조정에 보내는 장계에는 우리 수군의
활약상을 빠짐없이 기록해 합당한 상을 받을 수 있게 조치했습니다.

수군의 자주권을 내세우고 명나라 수군의 횡포를 근절시켰습니다. 한 번은 명나라군이 고금도 백성들을 약탈해 민심이 악화되었는데 이순신 장군은 이를 근절시키고자 장병들을 시켜 고금도 통제영 건물을 헐고 짐을 모두 군함에 싣게 했지요. 깜짝 놀란 진린 제독이 묻자 이순신 장군은 대답했습니다.

"귀국 군대가 온다고 하니 우리 백성과 장병들은 기뻐했는데 지금 와서는 귀국 군대에 의해 자꾸 약탈을 당해 우리 군민들이 못 견디고 이 섬을 떠나려 합니다. 대장된 자로서 혼자 남을 수가 없어 통제영을 다른 섬으로 옮기고자 합니다."

부끄러움을 느낀 진린 제독은 이순신 장군에게 정중히 사과하며 명나라 장병들의 약탈 행위를 강하게 단속하겠다고 약속했습니다. 사과를 받은 이순신 장군은 배에 실었던 짐들을 다시 제자리로 돌리게 했습니다.

그러면서도 이순신 장군은 진린 제독에게 이와 같은 일이 발생하는 것은 명나라군이 우리 군민들을 외국 사람으로 보아 깔보는 것임을 지적하며 명나라군 역시 동등하게 군율로 처벌할 권리를 달라고 요구했습니다. 진린 제독은 이순신 장군의 요구를 흔쾌히 들어주었고 이후로 고금도에서 명나라군의 행패는 근절되었습니다.

또한 순천왜성전투 이후 고니시 유키나가의 뇌물을 받고 왜군 퇴로를 보장해주려던 진린 제독의 계획에 대해서도 이순신 장군은 원칙을 내세워 완강히 거절했습니다. 이때는 이순신 장군과 진린 제독이 논쟁 끝에 서로 칼을 겨누며 분위기가 험악해지기까지 했으나 이내 진린 제독이 이순신 장군의 당당한 태도에 스스로 칼을 거두고 사죄했지요. 그 결과 노량해전에서 우리 함대와 명나라 함대는 힘을 합쳐 도망치는 왜군을 크게 격파할 수 있었습니다.

우리 수군과 연합 작전을 펼치는 과정에서 이순신 장군에 깊게 감화된 진린 제독은 이순신 장군을 '어르신'이라고 부르며 명나라 조정에 이순신 장군을 천거할 것을 제안하기까지 했습니다. 또한 이순신 장군의 전사 소식을 듣고는 울부짖으며 통곡했다고 전합니다.

"어르신께서 나를 구해주었는데 어찌 어르신은 세상을 뜨셨단 말이오."

이처럼 이순신 장군의 자기 군민의 힘과 지혜를 믿고 당당히 나서는 모습은 난폭했던 진린 제독마저 크게 감복시켰습니다. 여러모로 선조와 조정 대신들이 명나라에 사대주의로 일관하며 굴욕적으로 나섰던 모습과 비교됩니다. 이순신 장군과 진린 제독의 일화는 오늘날 우리에게도 많은 교훈을 줍니다. 사대적이고 비굴한 태도는 식민지 노예 내지는 속국 처지로 이어질 뿐이며 자주적이고 당당한 태도를 내세울 때에야 비로소 타국으로부터도 존중받고 제대로 대접받는다는 것입니다.

답사를
마치며

　길고도 짧은 여정이었습니다. 맨 처음 임진왜란 전적지 답사
를 떠날 때는 잘 알려진 유적이나 전적지로만 가면 식상한 여정
이 되지 않을까, 학창 시절 역사 교과서에서 접했던 뻔한 이야기
나 대학 학술답사 때 느꼈던 익숙한 감상을 똑같이 접하지 않을
까 하는 고민이 들었습니다.

　그러나 직접 답사를 다니며 전적지들을 돌아보니 괜한 걱정
이었음을 깨달았습니다. 이전에 답사했던 전적지도 임진왜란을
공부하고 다시 찾아가니 그때는 보지 못했던 것들이 새롭게 보였
고, 전적지마다 전해오는 다채로운 이야기도 많이 접할 수 있었습
니다. 특히 잘 알려지지 않은 전적지를 찾아갔을 때는 마치 오랫
동안 파묻혀 있던 보석을 찾아낸 것만 같아 기뻤습니다. 왜 예전
에는 임진왜란 역사를 제대로 알지 못하고 뻔한 소재나 이야기로

만 여겼을까 하는 아쉬움과 후회가 밀려왔습니다.

전국 각지에 숨어있는 임진왜란 전적지를 돌아보면서 일제강점기 때 수난을 겪지 않은 곳이 없다는 사실에 다시금 분노를 느낍니다. 우리 민족의 자주 의식과 투쟁 정신을 말살시키고 침략 역사를 은폐하고자 얼마나 많은 수작을 부렸는가. 그럼에도 저들은 끝내 우리 민족의 정신과 항쟁의 역사를 없애지 못했고 우리 조상들의 투쟁 역사는 오늘날까지 살아 숨 쉬고 있습니다.

전적지 곳곳마다 새겨진 군사 정권 시절의 잔재를 볼 때는 복잡한 심경을 느꼈습니다. 군사 독재를 정당화하고 장기 집권을 위해 벌인 '성역화 사업'이었지만 덕분에 오늘날까지 전적지들이 잘 보존되고 있으니 역설적입니다. 반대로 군사 정권의 성역화 사업이 오히려 임진왜란의 참된 의미를 퇴색시키고 있다는 생각도 들었습니다. '평범한 이들의 하나된 힘이 역사 발전을 이끈다'는 참된 관점을 바탕으로 전적지 보존 및 복원을 진행했다면 이보다 더 훌륭하게 할 수 있지 않았을까 하는 생각이 듭니다.

한편 전적지 곳곳마다 펼쳐진 아름다운 풍경을 바라보며 우리가 알지 못한 이 땅의 아름다움은 얼마나 많은지, 또 왜 우리나라를 '금수강산'이라 부르는지, 이 풍경을 지키고자 당시 우리 조상들이 온몸을 바쳐 싸우다 쓰러졌을 것을 생각하며 숙연함을 느꼈습니다. 그들의 투쟁이 있었기에 오늘날 금수강산을 자유롭게 만끽할 수 있음에 감사합니다.

아쉬운 점이 있다면 여러 가지 이유로 이번 답사에 임진왜란 현장 모두를 담지 못했다는 것입니다. 특히 민족이 둘로 갈라진 상황에서 북녘의 전적지들은 멀리서 바라보거나 자료를 통해 간접적으로 느낄 수밖에 없었습니다. 이 책에 담지 못한 전적지와 우리 조상들의 항쟁은 훗날을 기약하고자 합니다.

마지막으로 임진왜란 당시 이 땅을 지키고자 목숨 바쳐 싸웠던 선열들께 부족한 이 답사기를 바칩니다.

1592 격전의 길을 걷다

초판 1쇄 발행 2023년 11월 20일

지은이 안광획

기획편집 도은주, 류정화
마케팅 박관홍

펴낸이 윤주용
펴낸곳 초록비책공방

출판등록 제2013-000130
주소 서울시 마포구 월드컵북로 402 KGIT 센터 921A호
전화 0505-566-5522 팩스 02-6008-1777

메일 greenrainbooks@naver.com
인스타 @greenrainbooks @greenrain_1318
블로그 http://blog.naver.com/greenrainbooks
페이스북 http://www.facebook.com/greenrainbook

ISBN 979-11-93296-15-8 (03910)

어려운 것은 쉽게 쉬운 것은 깊게 깊은 것은 유쾌하게

초록비책공방은 여러분의 소중한 의견을 기다리고 있습니다.
원고 투고, 오탈자 제보, 제휴 제안은 greenrainbooks@naver.com으로 보내주세요.